天津旧事丛书

老天津名人风尚

胡荣华 著

天津出版传媒集团
天津人民出版社

图书在版编目（CIP）数据

老天津名人风尚 / 胡荣华著. -- 天津：天津人民
出版社，2024.10. -- （天津旧事丛书）. -- ISBN 978
-7-201-20706-3

Ⅰ. K820.821

中国国家版本馆CIP数据核字第2024N0D289号

老天津名人风尚
LAO TIANJIN MINGREN FENGSHANG

出　　版	天津人民出版社
出 版 人	刘锦泉
地　　址	天津市和平区西康路35号康岳大厦
邮政编码	300051
邮购电话	（022）23332469
电子信箱	reader@tjrmcbs.com

策划编辑	韩玉霞
责任编辑	李佩俊
美术编辑	汤　磊

印　　刷	天津海顺印业包装有限公司
经　　销	新华书店
开　　本	710毫米×1000毫米　1/16
印　　张	14.25
插　　页	2
字　　数	100千字
版次印次	2024年10月第1版　　2024年10月第1次印刷
定　　价	78.00元

自 序

"风尚"是一个文化符号,同时也是一种时代标志。它看似是现代社会才出现的新词汇,实际上在中国古代典籍中,早就有"风尚"二字存留的印迹。《晋书》中有"长虞刚简,无亏风尚",说的是人品气节。《明史》中有"师道并传之,其风尚亦略相似",说的是行事风格。《宋书》中有"岂可不敷崇坟籍,敦厉风尚",说的是治学风气。《清异录》中有"咸通后,士风尚",说的是社会习俗。经过时间的淬炼和岁月的洗礼,如今"风尚"二字更多代表着一种超越平庸和平常的前卫和时尚。

如果把这个词放在更大的视野中去品味,融通古今,"风尚"应该指的是一种在社会中流行并受到推崇的生活方式和行为习惯。它带有激昂振奋的意味,引领人们打开视野思维,摆脱陈规陋习,抛却固执成见,大胆探索创新,从而营造出一种活跃而开放的社会氛围。

风尚的触角无所不至,影响力不容小觑。在个人而言,它带来的可能是优雅的举止、精致的装扮、愉悦的心情、纯粹的人格、不凡的品味。对一座城市来说,它被赋予的可能就是一种特别的气质和神韵。一座城市现代人文品味的提升和厚重历史底蕴的沉淀,离不开时代风尚的滋养。如果要在近代中国,寻找一座风尚超前、充满魅力的城市,天津是当仁不让的选项之一。

古往今来,人们习惯于将以学问和事业著称的人称为"名人"。"名人"是社会的精英,缺了这些精英的点缀,城市历史文化的趣味和亲和力会大为逊色。一个名人的偶尔到访,也许会让一座城市增色于一时;而一群名人的频繁驻足、留居甚至在此建功立业,则会在城市历史的天空抛洒下一片星光,使这座城市拥有一种独特而强烈的文化吸引力。《老天津名人风尚》,就是一本旨在展示一群近现代名人在天津引领时尚、带动风气、感受前卫的书,是从讲述衣食住行、饮食娱乐等点滴故事,徐徐铺展开的一幅近代天津社会生活的画卷。

全书围绕名人与天津的风尚故事展开,根据主题分为五章,每章中的每个故事围绕一个中心人物展开,以人为轴,以史为据,图文并茂地还原他们在工作生活中与近现代天津的一次次交集。从清朝末代皇帝溥仪到封疆大吏袁世凯,从庚款留美考试"状元"杨锡仁到同期只考了59分的大学者胡适,从文学巨匠鲁迅到民国"第一大炮"傅斯年,从外交官夫人严幼韵到女作家郑念,全书述及的各界名人达63人。每一个故事都如同一部微电影,展现着这些不同性格、不同背景的知名人物在近现代天津历史光景中的存在。

位于八里台、具有深厚爱国主义传统的南开大学,是笔者的母校。这里绿树葱茏,将校园一分为二的大中路,每到夏天荷香馥郁的马蹄湖,满足五花八门口味的学生食堂,校史馆的展览,这一切都勾起我心中的好奇,想要探究隐含于美丽校园深处的秘密。于是,教育家张伯苓,培养出两位诺贝尔物理学奖高足的吴大猷,让校务工作井然有序的孟琴襄,先后进入了我的研究视野。对校史的关注渐渐被放大,演变成了我对城市历史的浓厚兴趣和城市风尚的深深眷恋。结束学生时代,我在这座城市工作、安家,偕家人和朋友频繁漫步五大道,在梁启超故居和马可·波罗广场徘徊,在黎元洪和溥仪光顾过的中原公司和劝业场原址购物,驻足观摩每一处具有欧陆风情的洋房,感受时光深处的时尚气息。置身于此情此境,我真实感知到,天津曾经的领先和辉煌,是吸引众多名人前来的原因,一种自豪的情绪随之升腾起来。这就是催生我用名人展现天津前卫风尚的最初推力。

经历了十年的努力,本书终于付梓出版。虽不敢称像曹公那样"披阅十载、增删五次",最终写出皇皇巨著《红楼梦》,但笔者也下了一番在资料堆中披沙拣金、爬梳清源的苦功。无数次对文本进行修饰压缩,字斟句酌,以有限的笔力在可读性和可信性之间走钢丝,巧妙拿捏、小心平衡。最终,功夫不负有心人,本书终于要和读者见面了。

翻开本书,不妨展开想象的翅膀,也许你能从杨锡仁摆放在海京洋行样子间的冰箱和空调间,发现早期家用电器传入中国的轨迹,并最终飞入寻常百姓家的过程;也许能在严幼韵转动84号汽车方向盘的强大底气中,感受独立女性从掌控一台汽车开始,逐渐掌控自己的人生,并最终顶起半边天;也许能从严复请张廷谔在平津快车上所吃的咖啡火腿吐司宴中,感受到西餐风尚在这座城市的弥漫;恐怕还会从张中行与杨沫不幸婚姻中对美食的依恋,感悟到美食与悲伤相连接的复杂人生。当然,还能感受到直隶总督端方成为第一个因爱好照相而被免职罢官的荒诞,以及丁文江租房做学问的韧劲,傅斯年借住英敛之家读书议政的抱负,胡适访书木樨轩拯救国宝的爱国情怀,鲁迅到天津购买皮鞋、领结的雅趣,上海滩公子翁瑞午请徐志摩代买天津盛锡福羊皮帽没能如愿的波折,等等。这些游离于城市正史边缘的逸闻趣事,实际上也是近现代天津深厚人文底蕴的重要组成部分。

如果一定要找这本书在历史时空中的意义,我想大概是它从地域历史的角度切入,增加了天津城市文化的内涵,丰富了这座城市的灵魂,为其品味增色,对城市形象也有新的塑造。

我和天津人民出版社的韩玉霞老师是校友,也是工作上长期的合作伙伴,她真的是一位很知性、懂生活的睿智女性。多年前,我第一次向她透露了我想写一本书反映天津近代领风气之先的念头,当时,央视纪录频道《五大道》纪录片正在热播,韩老师鼓励我要趁热打铁,用自己的风格宣传天津的历史,这给了我前进的勇气和动力。由于工作忙碌,缺乏抛家舍业的狠劲儿,查阅资料、梳理脉络、润色文字等许多工作,只能在顾全工作家庭之外的业余时间完成,所以从策划到出书,拖了十年之久。其间,韩老师像一个总管家,她比身为作者的我还着急,一次一次地催进度,对稿件反复提出修改意见,终于促成了我人生中第一本书的面世。真诚感谢韩老师为这本书付出的心血。

絮絮叨叨了半天，实际上无异于王婆卖瓜似的吹嘘和推介。言而总之，书价不算便宜，年华稍纵即逝，感恩读者朋友能够在众多图书中留意并选择它。但愿大家能捧着这本书在业余时间愉悦性情，了解一些先前不知道的名人往事，捕捉也许正在消失的风尚记忆。如果能够对人生有一些启发，当然再好不过。

目 录

书香学问有情调

现代音符奏响都市乐章

溥仪用上了抽水马桶

1932年底,胡愈之主编的《东方杂志》,面向400多位社会名流发通启征集中国梦。暨南大学教授周谷城提出了一个梦想:"人人能有机会坐在抽水马桶上大便。"抽水马桶是人类文明史上的一大创举。然而在近代中国,抽水马桶因为罕见昂贵,还是大多数人可望而不可及的一个梦想。

1925年2月,爱新觉罗·溥仪在天津张园的豪宅中,享受到了抽水马桶带来的惬意。

英国伊丽莎白一世时期(1558—1603),一位名叫约翰·哈林顿的教士设计出了世界上第一只抽水马桶。1775年,伦敦有个叫亚历山大·卡明斯的钟表匠,研制出了冲水型抽水马桶,并获得专利权。1848年,英国议会通过"公共卫生法令",规定凡新建房屋、住宅,必须配有厕所并安装抽水马桶,这项制度有力推动了抽水马桶的普及。

鸦片战争后,包括抽水马桶在内的现代卫浴设施,首先在中国沿海通商口岸城市出现。在早期关于抽水马桶的记载中,就有"天津"的字眼。清末张德彝在其1866年写成的《航海述奇》中,这样描述了在天津、上海间航行的"行如飞"号轮船的厕所:"两舱之中各一净房,亦有阀门。入门有净桶,提起上盖,下有瓷盆,盆下有孔通于水面,左右各一桶环,便溺毕则抽左环,自有水下洗涤盆桶。再抽右环,则污秽随水而下矣。"这说明19世纪60年代,中国人已经在天津开往上海的外国轮船上,见识并用上了抽水马桶。

抽水马桶要具备供应自来水和安装下水道的条件才能使用,在城市中普及抽水马桶,需要供水系统和排水系统的规划和配套。1860年天津开埠后,英法在天津设立租界。1861年初,一名英国伦敦传教士带着探索的热情来到天津,但是这里的卫生状况给他留下很糟糕的印象:"天津是一个繁忙的、充满活力的大城市,但也是我去过的最污秽的城市。街道未经铺设,雨水将道路浸湿泡软,被乡村的骡车压成奇怪的形状,但也不得不踯躅前行。城市的肮脏使得这个地方在炎热的季节变得非常不卫生。"他在文章中记录下这样的感受。

1897年4月2日,英商天津自来水公司成立,开始在英租界埋设水管并供应公用水。1901年,天津都统衙门批准中外商人在天津城里建设自来水系统的申请。从1903年3月起,位于芥园的济安自来水公司,开始为城厢内外和租界区供水。随着租界的建设,天津的小洋楼里已经安上了抽水马桶,厕所进屋成了天津文明史上轰动一时的大事,而北京的紫禁城里,还没有卫生间和盥洗室,皇帝出恭仍然是坐传统的马桶。

民国年间的张园

张园内景

1925年2月,末代皇帝溥仪被赶出紫禁城,带着家眷移居天津,他最开始住在张园,这是晚清驻武昌第八镇统制和湖北提督张彪在天津的寓所。张彪诚惶诚恐,为侍奉好这位昔日的主子,他花重金托洋行特别定制了英国惠罗公司的欧式家具,并对本来已经十分豪华的建筑进行了重新装潢。铺设木质地板的洋楼和四

溥仪、婉容夫妇与威灵顿夫妇、庄士敦在张园合影

周弥漫的西洋气息,让溥仪觉得很新鲜。抽水马桶和搪瓷浴缸、洗手盆,装自来水管儿的水喉、花洒的冷热水,也让他惊喜不已。年轻的溥仪很满意,对此,他特别在回忆录中写道:"觉得抽水马桶和暖气设备的洋楼远比养心殿舒服。"

20世纪初年,抽水马桶由于价格不菲在天津还不普及,多数天津人和全国其他地方的人们一样,早上起床后习惯于进入旱厕(坑厕)或是用床下藏着的便桶,来解决一天中最早也是最急迫的如厕问题。

留美"状元"杨锡仁卖冰箱和空调

　　位于英租界十一号路的天津海京洋行，是创办于1923年的一家中美合资企业。1935年前后，这家主营美国纺织机械及毛纺织品的公司，开始卖起了现代家用电器——冰箱和空调。将冰箱和空调引入天津的，是海京洋行的经理、近代著名实业人物杨锡仁。

　　杨锡仁是江苏震泽人，出生于1892年，早年就读于上海南洋中学。他是革命先贤杨天骥的弟弟、费孝通的八舅舅。杨家在当地是大家族，与诗人柳亚子、国学大师金松岑、社会活动家陈去病，四家合称"杨、柳、松、柏"。1910年7月，18岁的杨锡仁从南洋公学毕业后，参加了清政府

杨锡仁和清华校友合影。前排右起：胡适、梅贻琦、赵元任；后排右起：浦薛凤、杨锡仁、周象贤、李鸣合、陈伯庄、程远帆

举办的第二次庚款选派留美学生考试。全国共招 70 名,后来的国学大师赵元任,天津南开学校校长张伯苓的弟弟、著名戏剧家张彭春,文化巨匠胡适,第一台中文打字机的发明者周厚坤,气象学家竺可桢等都在考生名单中。这次考试中,杨锡仁力拔头筹,获得 79 分的成绩,位居榜首。他以 6 分之差将第二名赵元任远远甩在了后面,而同榜考取的胡适仅得了 59.075 分,离及格线还差 1 分,位居第五十五名。也正因为有这轮一较高

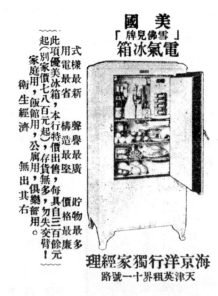

海京洋行做的雪佛儿牌冰箱广告

下的交锋,胡适对杨锡仁心服口服。据中国无线电业公司的创始人、20 世纪初期留学美国的胡光麃回忆,后来的岁月中,胡适常常盛赞杨锡仁聪明绝顶,并自叹弗如。

据赵元任回忆,这批赴美留学生中,有四分之三被派往美国东部学习,许多人进入了哈佛、麻省理工、康奈尔等美国名校,所学专业也以理工科为主。赵元任学的是物理和哲学,张彭春学的是教育,竺可桢学的是农业、气象和地理,胡适学的是政治和哲学,而杨锡仁选择的专业则是电机和纺织。清末民初,无论是电机还是纺织,都是中国人在民生领域亟待学习的专业和技术。1915 年 8 月 27 日至 9 月 3 日,康涅狄格州卫斯廉大学(Wesleyan University)举行东美学生会第 11 届年会,杨锡仁演讲了《今日欧战电气之作用》的论文,获硕士学位。

从美国学成回国后,杨锡仁负责津沪地区许多大纺织厂机器设备的计划及售装工作,成为机械和纺织领域的先驱人物。有感于纺织业在中国的巨大市场前景,1923 年,他在天津与美商合办了海京洋行,之后投资创办了海京毛织厂。他具有一丝不苟的企业家精神,十分重视

市场调研。20世纪30年代,他与天津南开学校的张伯苓、李适生,中国银行的王季荃、林凤苞,北平支行的杨朗川等人,曾有过一次为期七天的归绥(现呼和浩特市)和包头之行。据王季荃所记的游记,这次归包之行,大家各有各的目的,杨锡仁的目的是"调查西北驼羊毛在归、包市上之状况,以备参考"。国内羊毛成本低廉,会节省远途运输所产生的高额运费。对调研的注重,使得海京洋行经营的产品在市场上占得了先机。

海京洋行刊登的康福冷气机广告

由于是电机专业科班出身,杨锡仁对电器很内行。20世纪20年代,家用冰箱和空调在美国问世并投入市场。这两样现代化家用电器在欧美市场出现不久,就被商业嗅觉灵敏的杨锡仁获知。1935年前后,冰箱和空调被海京洋行列入了电器商品的销售名单。在海京洋行设有专门的商品陈列室,时称"样子间",冰箱和空调与其他家用电器一起,被置于"样子间"的玻璃橱窗内,展现着世界科技文明为家居生活带来的便捷和时尚。

海京最初销售的是美国雪佛儿牌冰箱,1937年,杨锡仁又引入了美国SERVEL冷藏机器厂出品的"舍凡牌"电冰箱。此时的冰箱空间容量有限,底部是机箱,冷冻室和冷藏室都位于上层,大约占据冰箱主体的三分之二空间。箱门还未采用磁铁关闭技术,而是密闭锁合式设计。箱内装有自动电灯,夜间开箱门能自动发光,关箱门时灯光自动熄灭。箱中有制冰器,"注水数分钟,即结冰块儿数十小方",价格从三四百元到七八百元不等。

由于这些冰箱是进口货,价位较高,普

通民众无力购买,买冰箱的多是带有经营性质的大型饭馆、俱乐部,有些公司也会买来提供给住公寓、有储存食品需求的高层员工,再有就是一些条件相对富裕、有购买能力的家庭。南开系列学校的掌门人张伯苓家中就置有一台电气冰箱,迁校重庆后,这台冰箱随他们一家到了重庆。重庆自古夏季湿热,在烈日炎炎中,张伯苓时常会用家中的冰箱冻冰块儿,然后再将冰块儿分给教职员工。据诗人柳亚子的儿子、时在南开大学任教的柳无忌回忆,如果有朋友来探望时送了水果,张伯苓也会分一些经冰箱冷藏过的水果给亲朋好友们。

空调在当时又叫冷气机。海京洋行销售的是美国康福牌冷气机,这款冷气机在当时的市面上比较高级,机身为坐式,采用静音设计,不仅有温度调节功能,还有除湿功能。20世纪30年代,一般家庭在夏季普遍使用电风扇降温。和电风扇相比,对空气有全面调节功能的冷气机,就像海京洋行的宣传语所渲染的那样,让人有"如入仙境"之感。虽然报纸上打出的广告称,这款冷气机优点众多,比如"构造精巧,安装简易","价格合宜,用电极省",但上千元的起步价,还是让许多普通家庭望洋兴叹。

黄𬱟如与国人自己的天气预报

1930年8月21日，落成伊始的天津气象台，为测试起见，首次作天气预报。这是中国人在天津自办的第一个气象台。自此，天津普通老百姓的穿衣出行乃至工作生活都有了更加科学靠谱的气象依据。

1920年，美国哈佛大学气象学博士竺可桢，在南京高等师范学校（中央大学前身）文史地学部开设气象课，开了中国气象教育的先例。随着气象学逐渐进入各大学校的课程体系，在专业人士的呼吁下，气象台及天气预报在军政和便民方面的重要作用渐渐成为共识，引起各方关注。中国开风气之先的城市也陆续开始了兴建气象台、播报天气预报的尝试。为追赶先进、方便民众，天津市政当局将在天津建一座气象台列入议事日程。

在天津第一家气象台的建设运行过程中，主持具体事务的是时任天津市政府港务处处长的黄𬱟如。黄𬱟如，生于1887年，字悦民，广东顺德人，早年就读于唐山路矿学堂（西南交通大学的前身，该学堂后来相继改名为"唐山铁路学校""唐山工业专门学校"，习惯称为"唐山交通大学"）。在清末民初，这所学校以招生挑剔、管理严格、注重培养学生动手操作能力而著称。黄𬱟如在谈及他从唐山路矿学堂受到的教育时，曾很有感触地说："当日教授几全为英籍者，课程悉由口授，并无书籍，须学生一一笔记之。其野外实习与设计绘图等项，颇极注重。课程之严，几为各校之冠。故我同学毕业后服务社会，均能名称其实，具有相当令誉。"后来在中国气象学和地理学界享有崇高威望的竺可桢，以及国产第一台中文打字机的发明者周厚坤，都是黄𬱟如在唐山路矿学堂就读期间的校友。

1929年,黄霭如被派来津,担任天津市政府港务处处长(港务局秘书)。到天津后,黄霭如主持了天津的防险救灾工作。当年夏天,华北境内雨水连绵、河水暴涨,在天津市民中引发恐慌。鉴于大红桥一带靠近繁华商业区,位置极其特殊,黄霭如指挥工程队,首先在大红桥周边修筑了临时堤坝,解除了天津市民的后顾之忧。天津《北洋画报》盛赞黄霭如在疏河防水中的作为,称此事"主办得人","吾辈可无其鱼之忧矣"。同年11月,他还与查德莱、陈懋解、佛西德、法兰

为大红桥抢险修建的河坝

休斯等水利专家一起,研讨拟定了改善大沽海道的计划书,在专业技术能力上表现突出。

当时,在英租界工部局治下,已有一座用于测量雨量和气象的气象台,这是华北地区成立时间最长的气象台。1929年的抗洪防险,让各界认识到在天津设立一座由中国政府管辖、能够测量雨量的气象台非常必要。1930年初,黄霭如将设置气象台纳入了新一年工作计划,并向天津市市长崔廷献提议。崔廷献是一位善于与外国人争利权的官员,这一利市利民的建议很快获得批准。在接受《益世报》记者采访时,黄霭如称建设初衷是为了"测量风雨、风向、风力、寒暑、最热与最冷、气候、温度、太阳光度等",选址在市政府门前,规模不大,仅有两间楼房,仪器设备配置仿照英租界工部局所设的气象台,整个工程连盖房加购买仪器,预算不到两千元。

在一番煞费苦心的准备后,1930年5月22日下午5点,天津特别市政府附属的气象台,举行了奠基典礼。典礼由崔廷献主持,包括政府职员和来宾在内,共有六七十人出席。作为主事人,黄霭如在典礼上报告了气象台的建设和费用情况。崔廷献强调了此举的重要作用,称这是证

西北科学考察团的四名学生：左起第一人为崔鹤峰

明天津市政建设取得进展的一个壮举。

在气象台开工建设的过程中，黄霭如开始着手物色台长人选。最终，北洋大学毕业生、时任港务处技术主任的崔鹤峰胜出。崔鹤峰，字皋九，河北安国县人。他本是北京大学学生，后转入北洋大学，1927年，他曾作为气象学生，被招入有北大教授、哲学历史学家徐炳昶，清华兼北大教授、地质学家袁复礼，北大助教、地质学家丁道衡，水利工程师、地图学家詹蕃勋，历史博物馆摄影师龚元忠，北京大学物理系主攻气象学的学生李宪之、刘衍淮、马叶谦等参加，中瑞学者合作，由斯文·赫定领导的中国西北科学考察团，开展西北考古实践。

在和崔鹤峰一起赴西北考察的学生中，除马叶谦于1929年在额济纳作气象观测时殉职外，都在之后的岁月中成长为中国早期气象事业的先驱。如李宪之在1946年成立的清华大学气象系中担任首位系主任，刘衍淮20世纪60年代当选为台湾气象学会理事长。刘、李二人更是被业界人士称为海峡两岸气象科学泰斗和一代宗师，享誉海内外。崔鹤峰能够参与到天津气象台的建设工作，黄霭如这个伯乐发挥的作用不可低估。

1930年7月18日，由黄霭如操办的天津气象台正式落成。8月21日，气象台试运行，首次作天气预报。9月15日，在建筑完毕、器械运齐、陈设妥当等一切准备就绪后，气象台正式开始对外发布气象预告。黄霭如事必躬亲，在运行初期，率领部员来台里参观指导考察。建成之后，他更是亲自上手，向雇员教授各项机械的用法。

耿励主持的公立电台向市民播音

　　1927年5月,天津的时髦市民在跳舞、听唱片、看电影之外,又多了一项消遣,就是听无线电广播。5月15日,由北洋政府创办的天津广播无线电台(简称天津广播电台)开始播音,这是官办广播首次在天津民众中播音。

　　20世纪20年代初期是世界无线电广播事业的发端,中国政府也在这项新兴电信技术肇始之际,第一时间召集国内顶尖工程技术专家,研究无线电技术,以大城市为基地,兴建电台。天津广播无线电台是天津历史上第一家公立广播电台,是继哈尔滨广播无线电台之后中国的第二家官办广播电台。电台的首任台长,是时任天津电话局局长耿励。

　　耿励出生于1887年,安徽合肥县人,是民国初年交通传习所的早期学员。这所1913年在北京创办的学校,直属北洋政府交通部。在创立之初,设有高等电气工程甲班、高等电气工程乙班(三年制)、无线电速成班,分别开设专业课程,为中国早期交通现代化培养邮传和电信人才。在这所被誉为"中国广播人才摇篮"的学校,走出了后来的"中国广播之父"刘瀚、哈尔滨广播无线电台主任陈淮清、北京广播无线电台主任沈宗汉、北洋政府交通部电政司专业骨干叶绍藩等近代电信人才。1916年2月,耿励被官派赴日本考察电政,回国后,参与了武汉、烟台、上海等地电话局的工程建设。1924年12月,被北洋政府交通部空降到天津的耿励,担任冯忠祥辞职后空缺的天津电话局副局长兼南分

1920年代刊登在天津报纸上的收音机广告

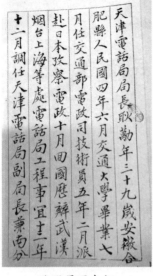

耿励履历介绍

局局长一职。1926年1月,又被张作霖调到东北无线电长途电话监督处任第三科科长。4月受张作霖之命,接任天津电话局局长。

20世纪20年代,中国民众对广播的兴趣日益浓厚。据英国人雷穆森在其所著《天津租界史》一书中说,早在1923年,生活在天津租界的部分外国教授、学者和军官,就组织了一小群无线电爱好者成立了天津业余无线电协会,对无线电科学进行研究。这些"业余爱好者经常接收卡威提(Cavite)、大连和上海的消息与广播节目"。民间要求政府建设官立广播电台的呼声日高。

奉系军阀掌握北洋政府后,为张作霖收集情报发挥重要作用的无线电事业受到高度重视。1927年初,张作霖令奉天电务工厂拨发机件,并任命耿励为天津无线电办事处主任,让其心腹、时任京奉铁路局局长常荫槐协助耿励开展广播电台建设工作。耿励是技术型官员,广播无线电台建立之初,没有广播发射机等设备,他便联合技术人员,运用所学知识,在吴梯青主持创立的中国无线电台原有的电子管等元器件基础上,用了较短的时间,自己动手改装了一部发射机。5月15日,天津广播无线电台正式开始对民众播音。这家电台不仅建台速度快,而且发射功率也是中国广播事业发展初期全国最大的,广播范围覆盖全市,甚至可以达到大沽海口。

无线电广播这种简洁、便民的娱乐方式,一经面世就广受欢迎。电台的播音也从最初每天上午播出两次,增加了下午和晚上的播出节目,全天播音时间长达6.5小时。在耿励的策划下,电台广播风格强调自己的特点,节目也办得有声有色,主要转播北京各剧院的京剧和沈阳的节目,每周还要请一些著名的票友到电台演出京剧清唱,深受听众喜爱。

20世纪二三十年代,天津曲艺正处于蓬勃发展时期。为了增加节目的吸引力,天津广播无线电台创新演播方式,开始对名角的演出进行直播,但是却引发了广播与剧场的矛盾。戏剧界认为,电台的现场播音会让观众都在家里收听,不会再到剧场看戏,剧场则认为这会影响售票收入,侵犯自身利益。经多方协商达成一致,广播无线电台播放名角演出时,须由电台购买几十张票,以弥补剧场损失。这种做法得到了包括梅兰芳在内的戏剧界名角的支持。吴梯青是20世纪初年国内无线电工程技术专家,曾任天津电话局局长,对中国无线电广播事业方兴未艾时的状况颇为熟悉,他忆及梅兰芳曾给电台直播提建议时说:"北方人看戏叫听戏,在清末民初年间,戏园座位都是条桌条凳,观众不都是面向舞台的,大多数人都闭目静听,所以叫听戏。现在既有无线电广播可听,当然就会有不少人在家里收音机旁收听,不再到戏园来了,戏园要求购买若干戏票以弥补损失是有它的理由的。"

1927年9月初,梅兰芳到天津新明剧院演出新剧《太真外传》,天津广播无线电台现场转播了梅兰芳在电机前婉转高歌的唱腔,让许多市民足不出户沉醉其间。被天津人称为"老乡亲"的孙菊仙,更是在莅临现场听完演唱后,宣称"听梅之唱,可多活十年","今晚又听梅唱,又可多活十年",强势为梅兰芳捧场造势,引起社会轰动。1928年2月21日,被誉为"四大坤旦"之一的著名京剧旦角章遏云到电台播音,成为一时佳话。之后,一些有影响力的演员纷至沓来借助电台这个空中媒介献艺,河南坠子、京剧、口技、话剧等曲艺形式,相继通过广播传递给市民。通过广播收听曲艺,也成为电视机出现之前,天津市民与曲艺亲密接触最直接简便和喜闻乐见的形式。

1928年2月天津电话南局无线台播音纪念合影(内有著名京剧旦角章遏云)

冯武越介绍机器人

《北洋画报》创办人冯武越

1920年,捷克斯洛伐克作家卡雷尔·恰佩克在他的科幻小说中,创造出"机器人"的形象。当时,以"电气时代"为特征的第二次科技革命行将结束,以原子能、航天航空、电子计算机等各项新技术的应用为代表的第三次科技革命业已启蒙。在富于探索精神的科学家们的努力和带动下,1928年,"机器人"终于在美国横空出世。消息传到中国,著名报人冯武越在其经营的北方最大娱乐性画刊《北洋画报》上,第一时间对这一突破性科技成果进行了介绍。

从晚清开始,随着科学思想和科学常识的逐渐普及,中国人对西方先进科技的兴趣日益浓厚,一大批世界前沿最新科技成果相继亮相并进入国人的视野。早期向国人介绍西方科技知识较为踊跃的,主要是留学生和有出洋留学经历的年轻一代。他们理念超前、思想开放,对祖国因落后而蒙受屈辱的现状深感忧虑,心中涌动着为推动中国科技事业发展进步贡献绵薄之力的强烈使命感。冯武越就是这些爱国青年中的一位。

冯武越是广东番禺人,出生于1897年,又名启缪。他的父亲冯玉潜曾任晚清驻墨西哥公使,从小随父亲在海外学习生活的经历,使冯武越开阔了眼界。16岁时,他赴法留学,相继到比利时、瑞士等国学习航空机械及无线电等,学成后遍游欧美实习考察,培养了扎实的科技素养。1921年,冯武越回国,一度在东北航空署总务处任职,从事文案写作,还曾是张学良的法文秘书。1925年,他来到天津定居。他的叔叔冯耿光是中国银行总裁,1926年7月7日,在家人的支持下,冯武越在天津创办了以"传播时事,提倡艺术,灌输知识"为宗旨的《北洋画报》。

盛宣怀孙女、邵洵美妻子在1932年北上探亲期间,曾在天津见过冯武越。据她回忆,冯武越有神经性颈椎病,脖子常年歪着。尽管有这样的身体缺陷,但是冯武越性格开朗、善于交际,朋友遍布各行各界,他和张学良是连襟,他的妻子是赵一荻(即赵四小姐)的姐姐赵绛雪,这些都是他成功经营《北洋画报》的人脉。在交际应酬之外,他的文笔也相当了得,他不仅用本名写文章,还多次用"笔公"的笔名为画报撰写了多篇卷首语及报道文章。民国四公子之一、袁世凯的儿子袁寒云和冯武越是好友,他在《笔尖与尖头奴》一文中曾调侃说:"吾友冯子武越,自以头尖,号曰笔公。"可见"笔公"作为冯武越的笔名,既带有相貌特征,又隐含着用笔来报效祖国、为社会服务的情怀。

除报道重大事件、名人交往、社会风尚之外,冯武越还学有所用,介绍一些与大众生活密切相关的声光化电方面的最新知识。他常用的笔名还有"不患得失斋主"。1928年8月22日,他用这个笔名,介绍了美国最新发明的机器人"德来福先生"。这是一个外观为人形的电子传感器,发明者是美国科学家温司奈。主机件部位位于身体中部,是一个方形的传感器。四肢设计立体、梯形鼻子、正方眼、长方嘴,面带善意,已具有机器人的即视感。据冯武越介绍,这款机器人配备了先进的感光电管、感声电话等装置,由电门、电线、磁石等连接操控,"电门控制许多小构及大臂,机器人从电话中接收用特制的'机语'传达命令",借感光管电力扩大的原理,促使电门开关,开关继而发动某一自动机件,让机器按照人的要求来完成指令。如果机件发生故障,它能发出求救信号,而且能够靠着电讯设施隔洋遥控操作。不仅如此,这款机器人还用途众多,能点燃气炉、开关电灯、开电机、扫地、洗刷、搬运、掘地。同时,冯武越也用专业的笔法,指出了这款早期机器人的局限性,一是只能在一定的轨道上工作,二是智能化不够,仅能通过普通电话,用特定的"机语"指挥。

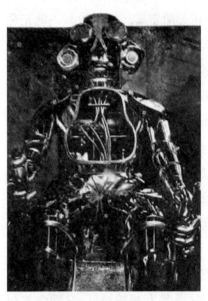

20世纪30年代《北洋画报》刊登的最新款机器人的照片

冯武越介绍机器人,满足了天津部分知识分子的好奇心,让《北洋画报》的读者长了见识。但是,也诚如他自己在文章中所言,"机器人之发明,不但能利便'忙人'之家庭,且将予工业与国防以无限辅助"。机器人的问世,引发了人们对其在国计民生中如何发挥作用的思考。

1932年,冯武越因报业受挫,肺病复发,将《北洋画报》兑给同生照相馆经理谭林北,后赴广东西山四平里村养病,但这份报纸却延续了冯武越开创的介绍科技知识的传统。1932年,美国科学家将机器人的智能化程度提高,发明了和人类体型特征接近的圆形身材机器人。《北洋画报》对新款机器人进行了及时介绍,称其"目能感光,耳有扩音器,口能答语,能起坐",能和人类进行简单的口语交流,通过说话就能遥控指挥。让人忍俊不禁的是,这款机器人的音响设备声音太大,如果将扩音器开到最大,威力甚至能够震碎一屋子的玻璃。

周厚坤的打字机完成专利认证

1916年8月11日,商务印书馆员工周厚坤发明的华文打字机申请专利一事,经身在天津的直隶省长朱家宝签批,终于履行完最后一道手续,正式通过了北洋政府官方的专利认证,取得《通俗打字机商权书》。

负责为各类科技发明把关审核,并授予专利权的农商部,对此批文道:"周厚坤发行华文打字机,呈请专利,经农商部详细审查,以该机构造尚属完备,颇合实用,特按照暂行工艺品章程,准予专利五年,以示

周厚坤

鼓励,并颁发第三十三号奖励执照存执。"周厚坤的打字机,虽然不是中国人自行研制的国产中文打印机中第一个申请专利认证的,但是这项认证是振奋人心的,其意义非同小可。

周厚坤生于1900年,江苏无锡人,早年就读于南洋公学(今上海交通大学、西安交通大学前身)附小、附中及电机科。1909年考入唐山路矿学堂(今西南交通大学前身)学习。同期在唐山路矿学堂学习的,还有后来的著名气象学家竺可桢。1910年,作为学校的优等生,周厚坤考取第二批庚款留美学生。一起考取的70名中国学生中,有多人后来成为各界名人,他们的名次如:海京毛纺厂创始人杨锡仁位列第一;被誉为"中国现代语言学之父"的赵元任位列第二;早期话剧(新剧)活动家、后任清华大学教务长的张彭春位列第十;竺可桢位列第二十八;新文化运动的旗手胡适位列第五十五。周厚坤则以67分的成绩,位列第十一,居于中

上水平。到美国后,他先进入大学学习铁路工程,1911年又进入波士顿麻省理工学院,学习机械、造船和飞机。

清末才传入中国的打字机,是西方人的发明,最初只能打出二十六个拉丁字母,让许多国人望洋兴叹。据商务印书馆编印的《东方杂志》刊文称,1899年,有一位居住在北京的美国传教士,发明了一款中文打字机。这款打字机,形状是一直径为四尺的大平圆板,上面安置了四千个中国字模印,但不知什么原因,其并没有完成制造。为了不让汉字变成被打字机抛弃的文明,一些留美青年开始将热情投入到研究汉字打字机上,其中就包括周厚坤。

1912年,周厚坤画出了自己运用机械学科班知识设计的打字机构造图样,并制作成功。1914年9月13日,在麻省理工学院拜会同学的胡适,有幸在留美中国学生总会,听了一场周厚坤就自己所发明的新式中文打字机所做的演讲。据胡适回忆,周厚坤的打印机将最常用的五千多个汉字铸在一个圆筒上,按照部首及笔画数排列好。机上有铜板,可上下左右推行,找到需要的字,就把铜板推到字上。板上有纸,纸上有墨带,配有一个小椎,一触及小椎便能将对立的字印到纸上。

1915年,周厚坤以全美第一个航空工程硕士的身份毕业。回国后,受邀来到张元济主持的商务印书馆,到机械仪器部工作。曾到世界各国考察过教育、出版、印刷等发展情况的张元济,有感于欧美印刷设备、技术的先进,对比我国印刷设备、技术的陈旧落后,产生了向西方学习、自主研发设备的念头。当他听说周厚坤研制出中文打字机的事迹后,为推广新技术、改进工艺起见,决定接纳周厚坤来商务印书馆发展。被誉为"报刊补白大王"的文史专家郑逸梅,曾根据其早年同学、长期在商务印书馆任职的华吟水口述,作有《首创中文打字机的周厚坤》一文。根据郑的转述,张元济请周厚坤来,一谈之下,很合心意,随后请他进馆,专力担任中文打字机的设计和制造工作。

周厚坤的专业精神令人钦佩,他利用工余时间,仔细研究和推敲打字机图样,多次进行修正改进,力求做到更加简捷方便实用。经多次反复试验,中国人自行研制的第一款简便而又可投入使用的铅板中文打字机终于造成。张元济大为称赞,在宣传上做足了功夫,不仅在商务印书馆主办的《东方杂志》和《学生杂志》上专门刊文造势,还提供多种机会,让

《新青年》杂志刊登周厚坤发明的打字机图样

周厚坤抛头露面,向国人科普中文打字机操作流程。比如,1916年5月12日,周厚坤就在张元济的安排下,在上海北四川路基督教青年会用英语演讲他发明中文打字机的过程,并当众示范如何使用。周厚坤的产品推介主要集中在两点:一是研制工作经过了"不辍之试验";二是国产机器价格低廉,能够起到"通俗普及之效果"。

晚清开始,中国人已经具有了专利保护的意识。周厚坤在商务印书馆监造中文打字机的同时,文字书写方式和中国相近的日本也在抓紧中文打字机的研制。1915年9月29日,留美学生祁暄发明的中文打字机获得农商部的专利认证。作为清末民初北方发展势头最强劲的城市,天津鼓励企业开拓创新和比学赶超的氛围非常浓厚。众多实业家,依靠北方最大的商会——天津总商会牵线搭桥,为一自主研发的产品成功申请专利认证。商务印书馆在天津有分公司,便将其所发明国产中文打字机的专利申请放在该公司名下,由该公司向天津总商会提出申请,再由总商会报请农商部批准。

周厚坤的中文打印机不可避免有很多缺点,胡适说它找字困难,郑逸梅说它"机上铅字是下向的,纸张衬在下面,字有否错误,很不容易辨察"。但作为中国人早期自行研制的办公机械用品,它对当时市场上其他中文打字机的研发工作起到了引领和激励作用。

吴镜仪率先推行八小时工作制

1930年2月16日上午，天津宝成纱厂召开大会。当宝成纱厂的经理吴镜仪在会上高声宣布，工厂从即日起改为八小时工作制时，工人们沸腾了。此举开了国内劳动界实行八小时工作制的先河。

八小时工作制曾是全世界工作者的一个美好梦想。它在1886年第一国际日内瓦会议上被提出。同年5月1日，美国芝加哥20万工人举行大罢工，要求实行八小时工作制，经过流血斗争，终于获得八小时工作制的权利。虽然如此，到20世纪30年代前后，不仅在中国，就算在西方发达国家，八小时工作制都还没有被普遍实行。1929年9月，南开校长张伯苓在一篇演讲中，介绍各国文明发展情况。在提及意大利时，他讲道："从前意大利的工人每天工作八小时，现改为十小时。"在同时代人中，张伯苓算是博闻多识者，他的言论佐证了当时实行八小时工作制的国家还很罕见的现实。

吴镜仪是被时代风暴淹没的人物。他的儿子吴阶平后来成为中国科学院、中国工程院资深院士，当过周恩来总理的医疗组组长，一度被国外媒体称为"中国医学界第一位人物"。根据吴阶平的晚年回忆，吴镜仪生于清末，是江苏常州人，新中国成立后改名为吴敬仪，早年做过

盛宣怀

晚清湖南候补知县,20世纪30年代前后曾任天津市招商局局长。和做官相比,吴镜仪更具有精明的经商头脑。辛亥革命后,盛宣怀要将10万两银子从湖南转到上海,当时正值兵荒马乱,盛宣怀怕银子被抢,便找到吴镜仪帮忙想办法。在吴镜仪的建议下,盛宣怀将这10万银两在湖南全部买了美孚石油,由水路运到上海后,油价暴涨10倍。感激之余,盛宣怀将赚到的钱分了一部分给吴镜仪。吴镜仪则用这笔钱入股盛宣怀的纱厂,由此开始了经营纱厂的实践。

1922年,创办于1919年的上海宝成纱厂在天津创建宝成三厂,股东之一的吴镜仪被厂长刘柏森(又名刘仲荣)派往天津,担任总经理,负责具体管理事务。吴镜仪思想开明、为人正直、善于探索,当他看到工人们夜以继日地工作,没有业余休息时间,不仅顾不上家,工厂产能还是提升不大的现状时,既同情,也就如何改变管理方式、提高工作效率进行了思考。宝成纱厂聘有美国工程技术管理人员,受他们启发,吴镜仪产生了打破僵局,运用西方最新的企业管理理念推动工厂人事制度改革的想法。

1929年底,南京国民政府颁布了《工厂法》,其中有"成年工人每日实在工作时间,以八小时为原则"的规定。依据这一规定,吴镜仪尝试将宝成纱厂原来的两班制,即每班工作12小时,改为在当时被媒体简称为"三八制"的"八小时工作制"。所谓三八制,就是工人们每天工作分三班倒:早晨6点到下午2点为第一班工人工作时间,下午2点到晚上10点为第二班工人工作时间,晚上10点到次日早晨6点为第三班工人工作时间。虽然吴镜仪创制的"三八制"和后来普遍流行的八小时工作制,在时间掌握上有很大差异,但是理念基本相同,就是尊重工人的休息权和生活权,满足他

宝成纱厂

们在工作之外的教育、休闲和娱乐的需求。

宝成纱厂粗纱车间

1930年2月,宝成纱厂对外发布通告称:"现在纱厂工人每日在厂工作十二小时,以致本身及家中之事,一遇有事,势必停工。停工之损失犹小,而终朝终夜,埋头工作,不得修养,实为人生最大之痛苦。"当吴镜仪在改制大会上宣布改为八小时工作制时,全场工人欢呼雀跃。"增加工作能率""缩短工作时间""保护工人精神""革命万岁""工友万岁""实行劳资合作""实行八小时工作"等口号,在会场此起彼伏。连续几天,厂中到处贴着红绿标语,呈现一派喜庆气氛。对工人们而言,这一制度的实施意味着他们的权利得到了尊重,从此再也不用受"包身工"之苦了。天津《大公报》载曰:"本市宝成纱厂于昨日(1930年2月16日)起,开始实行八小时工作制,实开中国劳动界之创例",盛赞了此举的历史性意义。

吴镜仪无疑是个聪明的企业家,他对"八小时工作制"的探索和推行,极大调动了工人们的生产积极性。"三八制"不仅属于企业管理改革,也属于企业文化构建。解除了精神痛苦和肉体折磨的工人们,在接受媒体记者采访时纷纷表示,今后将"尽力工作",与厂方合作,提高产量,"发达营业","不负工人应有之责任"。由于停工次数和无故停工的工人少了,过去因缺乏睡眠导致的"精神颓废,工作废弛,原料浪费"等问题也不复存在,工厂产量大为增加。据《纺织时报》记载,改制不到两月,宝成工人的平均产量约比改制前提高了三分之一,清花、钢车、粗纱三部分的平均产量提高了百分之十,细纱增加了百分之五。

由于宝成纱厂是国内最先实践《工厂法》所规定的八小时工作制原则的企业,1931年5月20日,吴镜仪在南京总统府受到蒋介石接见。其间,吴向蒋汇报了八小时工作制的成效,得到了高度赞许。

袁世凯助推星期日公休制度

1921年7月29日,在北洋政府教育部工作的鲁迅给报界友人、后来长期在天津新闻界供职的宫竹心写信道:"宣武门内通俗图书馆,新出版书大抵尚备,星期日不停阅(星期一停),然不能外借,倘先生星期日也休息,便很便利了。"其中所说的星期日休息,图书馆星期日开放,是近代西风东渐下,中华文明现代变迁的产物。天津人的星期日公休则与袁世凯有关。

1860年天津开埠后,越来越多的外国人来到天津,寓居租界,他们按照本国习俗,在星期天休息娱乐,引起了中国人的好奇。庚子年间,一位姓孙名敬,字行简,号三余小隐的地方乡绅,记载过一件听起来神神叨叨的事。说是同治五年(1866),有一位云游道士来到天津,在天津紫竹林游逛,见各国"洋楼高耸,百厦云连。每逢礼拜日则悬旗鸣炮,声势赫濯",有感于敌强我弱的悬殊,当即在墙壁赋诗一首:"沿河一带建楼房,扯旗放炮逞刚强,有朝西北真主至,一炬火光化无常。"如果此事属实,可以推断,当生活在"天子门户"、日复一日过着初一十五磕头领赏、顺带休息偷懒的天津衙门官员,看到金发碧眼的洋人们每隔六天不仅不用上班,还能变着法娱乐享受生活时,震惊之余对传统的休假制度进行反思是必然的。

直隶总督兼北洋大臣袁世凯

清末张焘在1884年出版的《津门杂记》中，对外国侨民的星期日休假情况进行了详细介绍："七日为一礼拜，为西人休息之期，即中历之虚、昴、星、房宿值日。是日也，工歇艺事，商停贸易，西人或赴堂礼拜，或携眷闲游。缘人六日操作，必精神倦怠，以此日游目骋怀，以均劳逸，是养生之法，殆亦七日来复之理也。"国人最早称星期为礼拜，称星期天为房日、虚日、昴日、星日。张焘的记载多少反映出到1880年前后，随着教会、洋行等外国在华机构推行星期日作息制度，天津人对星期日公休这一良风美俗，羡慕赞同之情已然表现得赤裸裸了。

1901年11月7日李鸿章在北京病逝后，山东巡抚任上的袁世凯开始署理直隶总督事务。次年6月9日，他被清政府实授为直隶总督兼北洋大臣。在任6年的时间里，他以务实的从政态度、稳健的办事风格、干练的为官作风，积极帮助清政府推行新政，累积政绩。作为推行新政的副产品，星期日公休成了袁世凯馈赠给公众的一份厚礼。1902年8月15日，清政府颁布《钦定中学堂章程》和《奏定高等学堂章程》，首次由政府出面，规定全国中等、高等学堂，"房、虚、星、昴日，各停课一日"，实行星期天休息制度。袁世凯不敢怠慢，积极传达贯彻圣谕，天津的中小学生

至今保存完好的直隶审判厅

和教员们,成了星期天放假这一福利的首批受益者。

本来官方承认的休假只限于教育界,衙门是不享受的。然而1906年后,在日渐强烈的改革呼声中,清政府在各部门中相继实行星期日公休制度,规定"每逢星期,休息一天,是日不办公事"。报章杂志对这一科学化改革给予盛赞称:"星期休息一节,真是与众不同,这就是新衙门的特色。"袁世凯亦步亦趋,在1907年,以司法系统为试点,开始在天津政府部门试行星期日休息制度。1907年4月14日,天津《大公报》对在天津审判厅进行的休假调整进行了报道,称:"审判厅公务繁杂,所有办公各员形神交困,曾据情详请,拟按星期休息。现经宫保准如所请。每遇星期,除命、盗案准理外,其余钱债细故,概不管理。承审、预审书记官生,每课须留三员,以备办理重大事件。"由此可知,审判厅人员为缓解疲劳、劳逸结合,提出周日放假的请求获得了袁世凯的批准。为了不耽误公事,当时还对新作息实行后的轮流倒休进行了规定。

到了1911年前后,星期日公休已成为天津这座北方都市约定俗成的一种作息制度了,公共文化娱乐设施如公园、动物园、图书馆、博物馆,开始应对公众需求,以星期为时间周期安排对公众开放的日程。

"84号小姐"严幼韵学开车

  1925年秋季,上海沪江大学开风气之先,迎来了首批女大学生,其中,一位开着汽车出入校园的女生尤其引人注目。她叫严幼韵,1929年与外交官杨光泩结婚,1959年成为著名外交家顾维钧的第四任夫人。

  当时的中国,能有机会上大学的女生凤毛麟角。开着自家的豪华小轿车进出校园,长相出众的严幼韵自然成了男同学心仪的女神。回顾年轻时的这段风光,严幼韵说:"据说当时许多男学生爱慕我,因为不知道我的名字,他们就按照我的汽车牌号称呼我为'84号小姐'。一些男生还故意将英语Eighty Four念成上海话'爱的福'。""爱的福"小姐才貌双全气质好,家世显赫背景佳,而她的车技是在出生地天津练成的。

  1905年9月27日,严幼韵出生在天津老城厢东门里经司胡同盐号老宅中,这是她的祖父严信厚留下的产业。严幼韵的父亲严子均敦厚慷

在沪江大学读书期间坐在汽车内的严幼韵

慨、思想开明,将严家的女孩当宝养。作为掌上明珠,严幼韵颇为感念地说:"父亲很顾家,喜欢孩子陪在身边,特别是我们女孩子。他经常带我们出去吃饭、参加活动。按惯例,除夕夜商店要通宵营业,父亲就会让我们坐上马车,带我们去买精美的玩具和令人垂涎欲滴的点心。每年夏天,他还会带着全家去青岛、莫干山、大连或者北戴河避暑。"爱女的教育、幸福的家庭环境,铸就了严幼韵敢于开拓的个性,

年轻时的严幼韵

培养了开朗大方的性格。严子均为开拓事业,长期在上海、天津两地奔波。1912年,为了给夫人杨俪芬养病,严家来到天津久住。

租界林立、华洋杂处、兼多元包容于一体的移民城市天津,是中国最早有汽车通行的城市之一。1903年11月,天津最早的外文报纸 The Chinese Times,官方名称《中国时报》,中国人称《益闻西报》,刊登直隶总督兼北洋大臣袁世凯向慈禧太后进献汽车的消息称:"呈献皇太后电汽车17辆,特由外洋定购运至天津招商局修理妥备,又经公易洋行装潢整齐……现有数量业已运京呈进。"这批皇家御用汽车,两辆杏黄色,其余为红色,"每辆可乘六人,皆可远行"。

到了严幼韵在天津生活的时代,汽车已经成为天津上流阶层通用的新式交通工具了。1913年12月13日,天津《大公报》刊发新闻《某西人又为中国由德国购买平路汽车两辆》,其中所言平路汽车就是如今耳熟能详的奔驰。1915年天津商会的一份档案,也有"吾埠在上等社会有汽车马车,中下社会等亦有人力车通行"的文字,证实了汽车已成为富裕阶层出行的常见工具。严家在法租界拥有一座现代的欧式三层小楼,往来友人中也不乏开汽车的。

1919年,14岁的严幼韵进入天津中西女中学习。这是一所教会学校,创办于1909年9月8日,属于美国基督教"美以美会",校址位于法租

界紫竹林一带的海大道马家口。在中西女中上学期间，严幼韵有了"朱莉安娜"的英文名字。1923年，严家搬回上海，严幼韵继续就读在中西女中，成为住校生。她很活跃，不仅上文化课，还要参加钢琴课、合唱团，每天的日程安排得很满。她爱打扮，中西女中校规很严，只有周末允许住校生回家，她就经常带着同学回家，花很多时间买布料、找裁缝。连她自己都说："我的新衣服太多了，同一件衣服几乎从来不穿第二次！"她也热爱运动，网球、排球、游泳、滑冰，样样在行。她经常和朋友骑自行车去起士林，在途中玩惊险的大撒把表演。

上中西女中二年级时，活跃开朗而又多金漂亮的严幼韵受到欢迎，进入了天津名媛的社交圈。在蔡家公馆晚会上，她认识了好友孔艾玛和她刚刚从美国获得机械工程学位的表哥阿尔法莱特。乘坐小轿车在当时是一件非常时髦的事。每个周末，阿尔法莱特和孔艾玛都会来学校接严幼韵，满足她的虚荣心，开车拉她一起去吃饭、看电影、游泳、骑马等。好友的示范无疑是她跟风学开车的动力。阿尔法莱特有一辆跑车，严幼韵便把跑车当教练车，向他学习。为了学会开车，那个暑假，她没有回上海，而是留在了天津。没多长时间，她就学会了，三个好朋友开车到处跑，去拜访住在郊区的朋友，甚至来了一趟北京自驾游。自驾并不顺利，车子途中抛锚，严幼韵也因骑毛驴受了伤。说起这次自驾，晚年的严幼韵仍心有余悸，她说："我永远也忘不了那次开车四五个小时去北京的经历。大约中午的时候，我们沿着一条颠簸的道路出发了，快到北京的时候车轴断了，我们困在了空无一人的路上。"

1925年，严幼韵从天津中西女中毕业，去了上海。被她一起带去上海的，还有从天津学会的开车技术。与她优雅温和的外貌相比，她开车风格有些野蛮，车速快，喜欢到最后关头急刹车、急转弯。宋子文的长女宋琼颐就曾亲身体验过，她说严幼韵开起车来就像个疯狂车手。也正是这种洒脱自我的开车风格，吸引了青年才俊、时任北平政府外交部驻沪特派员杨光泩的目光。严幼韵和杨光泩的女儿杨雪兰这样讲述父母的相遇："父亲第一次见母亲时，她正架着那辆'爱的花'轿车。他很好奇，就一直跟在后面。很巧，他们两个是参加同一个 Party 的。父亲马上请朋友介绍认识，开始不断地给母亲送花、约会，终于在'激烈竞争'中，赢得了母亲的芳心。"

谢冰心坐海轮南下尽孝

1929年12月19日,冰心和新婚丈夫吴文藻在天津大沽口外依依惜别,她要乘坐"顺天"轮去上海了。

20世纪20年代天津报纸刊登的冰心小照

此时的冰心已经以女作家的头衔,在中国文化界打响了知名度。1928年7月,《北洋画报》发表小文对她进行介绍:"冰心女士,闽人,名婉莹,父官海军部,以名门闺媛为燕大高材生。创作天才极富,所制散文及诗,于缠绵悱恻中,寓高尚美丽之致。《春水》《繁星》两集,几于家弦户诵。旋赴美留学,著《寄小读者》一册,尤为世所称道。回国后任燕大教授,仍殚心著述。"

北方口岸城市天津是较早开通轮船海运业务的城市。1860年天津开埠,上海华商李振玉、高顾三与美商花马太成立清美洋行,购买轮船"飞龙号"航行于上海、烟台、天津间,自此,外商和中商在上海—天津航运线路上的争夺从来没有停止过。1866年,上海德商惇裕洋行的轮船"英姿飞号""南升号",开通了上海至天津的定期航班。1867年,上海美商旗昌轮船公司也开通了上海至天津的定期航班。1868年12月底,英商怡和洋行轮船"九苏号"下水,开始自上海到天津的首航。1873年初,李鸿章奏准创办的轮船招商局开通了两艘上海到天津的线路。为达到双赢,共分一杯羹,1878年夏,轮船招商局甚至与英商怡和洋行签订合同,规定上海至天津的航线双方船数比为3:2。为了应对航海安全隐患,航海救命装置也已经出现。根据1935年《北洋画报》的介绍:"航海救命器,形似一圆形小屋。用橡皮制成,其上可通空气。前面开一小窗,可望远处之来船。顶上插一杆,上悬求救旗帜。"

从上海坐轮船到天津,再坐火车去北京,或者从北京坐火车到天津,再乘轮船赴上海,是20世纪初年的中国人南下沪港或北上平津的习惯选择。在那个坐海轮成为人们北上南下出行时尚的年代,无论是怡和洋行的"九苏号",还是轮船招商局霸气的"国航",在和太古洋行"顺天轮"的竞争中,优势都不是特别明显。英商太古洋行的"顺天船",又名"顺天轮",是清末民初中国航运线路上大名鼎鼎的明星船只,受到众多社会名流青睐。1925年冬,近代著名军政要人,有"小徐"之称的徐树铮就是搭乘"顺天轮"到达天津,秘密从事了联合孙传芳和张作霖反对冯玉祥的政治活动。1934年6月18日,更新换代的全新"顺天轮"载着众多富豪名流由天津塘沽开赴烟台,途中不幸遭遇海盗劫持,发生震惊中外的大案。1935年9月和1937年底,散文家和文学评论家梁实秋曾两次因公从青岛搭乘"顺天轮"到天津。梁实秋这样阐述"顺天轮"的好:"这只轮船是太古公司驶行于津沪之间的最好的一只,舱位最宽适,速度也高。"

1929年冬,冰心的母亲病危,情急之下,孝顺的女儿南下想和母亲做最后的告别。内火勾动腹痛,12月18日来到天津转乘海轮前,冰心

20世纪初年乘客等候海上客轮的场景

患了十年的老毛病盲肠炎突然发作了,她这样记录当时病魔的加害:"七点多钟到天津,下了月台,我已痛得走不动了。好容易挣出站来,坐上汽车,径到国民饭店,开了房间,我一直便躺在床上。……这夜的痛苦,是逐秒逐分的加紧,直到夜中三点。我神志模糊之中,只觉得自己在床上起伏坐卧、呕吐、呻吟,连藻的存在都不知道了。"国民饭店是建于1923年的一家豪华酒店,可以想见,在这家当时众多上层人物光顾的准"五星级"酒店中,冰心因身体不适,入住体验十分不好。

吴文藻还算体贴。提前订购的船票是19日晚上十点开,为转移妻子的注意力,他提议小两口上意租界已故梁任公家里去看看他们的老朋友"周夫人"——梁思顺。1929年1月19日,梁启超去世。去世前,他最喜欢的大女儿梁思顺回国照料。梁思顺是外交官周希哲的夫人,此时仍在天津的娘家中。在梁家设宴招待时,梁思顺对父亲的真挚怀念触发了冰心对母亲的急切担忧和心痛,夫妻二人匆匆告别。冰心形容当时的情形时这样表达:"到那里蒙他们夫妇邀去午饭。席上我喝了一杯白兰地酒,觉得精神较好。周夫人对我提到她去年的回国,任公先生的病以及他的死。悲痛沉挚之言,句句使我闻之心惊胆跃,最后实在坐不住,挣扎着起来谢了主人。发了一封报告动身的电报到上海,两点半钟便同藻上了顺天船。"

可能是冰心当时乘坐太古洋行的"顺天轮"还没赶上配置最新装备,也可能是念母心切和过度伤悲使然,冰心对有口皆碑的"顺天轮"印象极差。她居住的房间是特别官舱,竟然"出乎意外的小",除了上下铺,烟囱旁边还有一张横床;管理混乱,同屋乘客"箱儿篓子,堆满了一屋"。环境质量差,"门外是笑骂声,叫卖声,喧呶声,争竞声",空气中"杂着油味,垢腻味,烟味,咸味,阴天味"。言而总之,"一片的拥挤,窒塞,纷扰,叫嚣"。满怀尽孝之心和母亲将逝的悲哀,冰心在1929年的海轮上,只能看到塘沽碎裂的冰块和大海的怒涛。

崔廷献为国字号公共汽车搞规划

　　1928年6月,天津改为特别市,这是有史以来天津称"市"之始。9月,天津第二任市长崔廷献走马上任。从上台到1930年10月下台,他就任市长两年有余。在其任上,他创造的与市民生活关系重大的政绩之一,就是筹划了天津第一份城市公共汽车运行办法。

　　1925年,天津商人李树堂、刘仁甫开办了"同兴汽车公司",创办了由万国桥(今解放桥)至大直沽、小孙庄的公共汽车线路,开创了天津境内公共汽车之始。虽然之后各路商人在利益的驱动下,不断增加车辆,开辟新线路,但在20世纪30年代之前,天津的公共汽车还处于私人开办、租界内行驶、零星经营的状态。1927年,东北角官银号至天津新站的公交线路开通。根据天津《益世报》报道,这条公交的票价是每人铜元三十枚,乘客并不多,车上出现了人员冷清的情形。在当时,比利时商人经营的电车,在市民中还有较大的影响力,加上公交开办之初,许多经营手段尚不成熟,价位又高于电车,公交车并未在市民中普及。

　　崔廷献出生于1875年,山西人。善于经营、会理财的地域性格,在这个出生于贫寒农民家庭的晚清进士身上体现了出来。他有才干,尤以雄辩著称。1905年,在山西民众反对英国福公司霸占晋东、晋西开矿权的斗争中,他依靠才能和雄辩的口才,被推举为山西全省争矿代表到北京去请愿,与英国人交涉。在他的参与下,清政府最终从英

崔廷献

35

国人手中夺回开矿权。第一次世界大战时,他任"山西保晋矿务公司"总经理,当察觉到钢铁将成为战争急需的奇缺货物后,他积极收购当地生产的土铁远销国外,从欧洲国家手中小发了一笔"战争财"。

担任天津市市长后,崔廷献将经营头脑用在了各项市政建设上。他采纳市政专家的建议,对各种交通工具在城市运营中的作用和优缺点进行综合权衡。通过比较,认识到公共汽车和电车相比,不仅能够有效规避电车轨道受限、乘客稀少时运营成本高、噪音太大等缺陷,还具有不用铺设电杆、轨道,操作起来相对容易等优势,进而诞生了统筹全市公交车运行、方便市民的想法。

在他的统筹下,全市范围内开始大规模筹办公共汽车。崔廷献的初衷是想把公交车从租界引到华界,多开公交车线路,由中国人来经营,并将"公交管理"纳入市政当局的管理网络。基于这一思路,1929年冬,李荫山、丁清志、张鸿池等十九名天津商人成立了公共客座汽车有限公司。公司资本总额十五万元,分一千五百股,每股百元,纯招华商,不收外股。这一年冬,他们集体上呈市府,拟定章程24条,勘划路线4条。

为有效规范公交车运营秩序,同时平衡公交公司和电车公司的利益,经崔廷献许可,天津特别市政府在1929年12月专门制发了《天津特别市公共汽车行驶简章》。其中规定,公共汽车需在未修电车的指定路线运行,经营公共汽车的商户需由政府经过投标环节来确定,驾驶汽车的车夫需考取驾驶执照,商户的行驶权不得转移。为顾全胶皮车车行的利益,维持人力车夫的生计,天津特别市政府还做出了公交车在主干道路通车,支路不通车的变通办法。商人们提前勘划的路线,也由原先的四条改为三条,即河北官银行至新车站一条,特一区二条。

按照崔廷献和天津特别市政府的原议,由于公共汽车属于城市公共交通系统,所有在市内运营的公交车均由政府提供,商户只享有经营权,所有权归国家。然而,由于经费有限,车辆问题迟迟得不到解决,开通国营公交车的计划一拖再拖。

崔廷献属阎锡山的晋系。1930年10月,中原大战接近尾声,阎锡山和冯玉祥落败下野,崔廷献的天津市长生涯也随之结束。奉系旧部、张学良小时候的家庭教师、原天津市政府社会局局长臧启芳接任天津市市长。虽然臧启芳和崔廷献政治派别不同,但他赞同崔廷献公交官办的做法。1930年11月21日,山西斌记五金行经理阎志忉,将晋军托其向天津英商安利洋行订购的军用载重汽车93辆上缴给天津特别市公安局。天津市政府经调查了解得知,这批汽车经过简单改装后,就可以变身为乘人的长途汽车,而且财政投入不多。臧启芳为当初悬而未决的车源难题找到了出路,便提议延续崔廷献所订的公共汽车办理办法、行车路线及预算计划,用这批车辆,筹办一家公共汽车公司,便利交通、造福市民。

　　臧启芳只做了五个月的天津市市长,便被免去市长职务,调到东北去当行政长官公署地亩管理局局长去了。1931年3月,张学良的弟弟,原天津市公安局局长张学铭接棒第四任天津市市长。张接任后,召集有经营公共汽车经验的企业家进行调研,决定从这批扣押汽车中划拨二十几辆,进行官办公共汽车的尝试。然而此事因触犯商户利益遭到反对,最终还是决定以市办名义,官商合办合作,商户是天津公共客座汽车有限公司。

　　直到1932年春季,崔廷献所设想的公共汽车政府管理、网络化运营才成为现实。当年,天津的公共汽车线路已经有了四条,分别是:从法租界马家口到大瓦房的一条,从日租界福岛街至特一区李家花园的一条,从国民饭店到特一区东大营门的一条,从法租界老西开到英租界张庄大桥的一条。广东路、英国菜市、小白楼、大营门、天丰舞台、小营门、平安影院等热闹场所,都成为公交车可达之地。

梁思礼骑自行车上学

　　新中国火箭控制专家、前中国科学院院士梁思礼,是近代大学者、清末维新运动领袖梁启超最小的儿子。1929年1月19日,梁启超病逝,梁思礼此时刚刚五岁。梁思礼的生母王桂荃带着梁启超尚未成年的儿女们,在天津意租界饮冰室旧居中生活。

1938年在天津耀华学校上高中的梁思礼

　　1935年,11岁的梁思礼考入天津南开中学。这是梁启超生前多次前往演讲的学校。当时南开中学的学生分走读和住读两种,梁思礼属于走读生。

　　20世纪30年代前后,自行车作为一种人力驱动的新式交通工具被越来越多的天津民众视为时尚出行的首选。南开中学的学生多是中等以上富裕人家的子弟,上下学的交通出行方式也比较多元化。据1929年考入天津南开中学、1935年毕业的老校友王寿严回忆:"每天上下学时,走读的虽徒步、搭电车、骑自行车的居多,但自备汽车、敞篷马车,有自家洋车的也不少。"因学校离家较远,梁思礼选择了骑自行车上下学的方式。

　　从天津意租界到南开中学,起码要骑半个小时。每天,梁思礼都要花将近一个小时的时间在上下学的路上。梁思礼曾说:"父亲的过早去世,对我一生是很大的遗憾。"撇开精神方面不说,梁启超去世后,梁家的物质生活主要靠梁启超生前的积蓄和投资、梁的书稿收入以及几位年长儿女的支持,虽然不至于拮据,但也要时时节约用度,才能周转无虞。面对并不十分宽裕的家庭经济,梁思礼和当时的大多数求学青年一起,在

梁思礼（右二）与五哥梁思达（右一）、五姐梁思懿（右三）、六姐梁思宁（右四）在天津饮冰室前合影

握紧把手、交替双腿、纵横驰骋中，骑着自行车，感受了一种追风少年飞一般的青春速度。

1886年出生的四川广元人王桂荃，是梁启超的第二任夫人。梁启超的九个儿女中，有六个为她所生。她虽然没有文化，但性格善良、脾气随和、待人宽厚，对于梁家的孩子，不管是她亲生的还是非亲生的，都视如己出、照顾有加，很受梁启超儿女的敬重。梁思礼是梁启超生前最疼爱的孩子，对于这个儿子，王桂荃操了不少心。晚年的梁思礼曾回忆过这样一件当初骑自行车到南开中学上学的往事：第一次骑自行车上学时，王桂荃不放心，叫了一部黄包车悄悄地跟在后面，一路上看着儿子如何处理路况。梁思礼放学后，王桂荃责问他看见前面有行人为什么不按车铃。梁思礼回答说，按铃会吓着行人，不按铃绕道走更安全。王桂荃觉得有道理，遂对梁思礼骑自行车上学放下了悬着的一颗心。

对于当时的许多青年来说，骑自行车不仅仅是一种出行方式，更是一种娱乐手段。法租界中街二十六号中央汽车公司所售的"金狮子"牌（英文名Lion，又译作"兰苓"牌）自行车，祥记快立车行代销的英国"飞艇

20世纪初年市场青睐度最高的"金狮子"牌自行车在天津报纸上打出的广告

牌"自行车,都曾让时髦青年心向往之。"金狮子"牌自行车墨绿色的车身、花轱辘刹车、三"飞"、高档"布劳克斯"的猪皮垫子、刻有花纹的德国"博士"灯,是寄托年轻人梦想的时尚符号。油灯、小拉铃、绿支架、黑衣架、打气管、扳子、油壶等花样繁多的自行车配件,也方便了青春少年们在探索中感受快乐。为追赶时髦,学生中掀起了一股学骑自行车、玩转自行车热。南开中学管理很严,为杜绝学生贪玩自行车耽误学业,学校专门在校规中规定:"上课时学生不得在南院做各种球戏及练习脚踏车,违则罚之。"

年轻人都贪玩,特别是男孩子。梁思礼骑自行车上下学,正好防止了因沉迷骑自行车而导致的分心。但梁思礼也不是两耳不闻窗外事,一天两点一线只顾读书的书呆子。1935至1936年在南开中学就读的两年,他受到南开中学浓烈体育氛围的熏染,参加各种体育运动和有益

20世纪初年的年轻人推着自行车留影

40

的社会活动。他曾这样回忆南开中学的生活:"在南开中学,我们接受的是德智体美全面发展的教育。虽然我们都很用功,但从来不是死啃书本,应付考试。我们不是书呆子,而是兴趣广泛,经常从事体育锻炼和各式各样社会活动的全面发展的热血青年。"

高中毕业后,梁思礼赴美留学。在美国普渡大学和辛辛那提大学期间,这位在天津期间骑自行车上下学的小伙子,成了学校的摔跤队和网球队队员,还当上了学校的游泳救生员。

张作霖的"奉天一号"途经天津

民国成立后,许多逊清皇族、军阀、政客纷纷来到天津,或做寓公、或办实业、或谋前程。被权势阶层视为必需之物的新式交通工具汽车,在这座北方工商业中心城市并不罕见。穿行于20世纪初年天津街头的汽车,最具有轰动效应的,恐怕还是1921年8月,奉系军阀首领张作霖经美丰洋行购买的那辆帕卡德牌装甲轿车。

成立于1913年的美商美丰洋行,是与美商公懋洋行、英商捷隆洋行以及美商亨茂洋行并称,以经营汽车著称的民初"四大行"之一。它是天津第一家专营汽车的洋行,位于法租界中街38号至42号,以经营美国福特公司的福特(Ford)、林肯(Lincoln)、马克瑞(Mercury)牌汽车为主。主要销售对象是中国军政界和运输业,皖系名将徐树铮、张作霖的生死之交汤玉麟、北洋军阀政府陆军上将姜桂题、北洋政府参谋总长兼前敌总执法处处长张怀芝、国民党军长孙连仲等,都曾是美丰洋行的大客户。

美丰洋行

1921年，权力如日中天的东三省巡阅使张作霖，为防止异己分子暗算，做出了购置装甲轿车的决定。这一年，张作霖46岁，5月被授予东三省巡阅使兼蒙疆经略使，辖热察绥三特区，节制热、察、绥三都统。自此，奉系控制六省地盘的事实得到正式承认。为公事，张作霖时常以天津为中转地，与寓居本地的军阀谋划大局，常驻地为地纬路恒记德军衣庄。同年，张作霖以五姨太张寿

张作霖

懿的名义从法国驻天津领事馆购买了法租界丰领事路（今和平区赤峰道78号）的一处洋楼。在津期间，张作霖深居简出，万事谨慎。作为能够左右中国政局的关键人物，他在安全方面戒备森严。

为保证出行安全，张作霖将购买世界最先进的装甲轿车纳入计划。当时，上海亨茂公司是国内最富经验的汽车进口商，天津美丰洋行与亨茂公司多有业务往来。他便委托美丰洋行，经亨茂公司从美国著名豪车品牌底特律帕卡德汽车厂（Packard）定制了一辆防弹装甲轿车。在装备上，奉系首领张作霖一向是大手笔。该车的底盘以Twin Six 3-55第三系列轿车改装，装甲车身及内饰制造另由纽约著名车身制造商Brooks-Ostruk公司负责。Twin Six是世界上第一款量产型的V12缸动力豪华轿车，配备7.0升的V12缸发动机，最大功率90马力，属于动力超级强劲型，和当时的轻型坦克发动机功率同级。

货到上海后，将汽车由上海运天津再运北京再运东北的差事，自然落到了天津美丰洋行的头上。8月24日，当张作霖的汽车运达天津时，早已对洋汽车司空见惯的天津人，依然无法淡定。天津《益世报》用细腻的笔触，对这辆汽车作了"惊为天人"的描述："一切装置均极新奇……车上均用钢板，至为光亮。车身全用红木，并以金钢为之。玻璃极厚，枪弹不易穿入。车之前面，能容卫兵二名，并设置机关枪一架，不用时可藏于

张作霖的座驾"奉天一号"

坐褥之下。两旁踏板,亦可容坐卫兵三名。另装皮圈,有事之际,卫兵可俯身其间,向外施放机枪,不致掣肘。车之两旁及后面,均有小门,外用钢百叶窗掩护之,由此可向外面放枪。车内可容六人座位,陈设颇为美丽,用紫金色毛绒铺垫,一切插景,非银即瓷。门上花板,雕刻精美,四面均装电灯。屏风玻璃之上,另装千里镜,可以望远。右面鸣角,用电可按。门上刻有张作霖中西文名字,闻此车身极重,装配时颇为费事。"

这辆经重力学专家研究论证而特制的豪华防身进口汽车,有防弹功能,能站士兵、能发射机关枪,有电灯、有望远镜,车体造型华美、内饰富丽堂皇。在人们羡慕的眼光中,它很快被冠名为"奉天一号"。高达3.5万美元、折合银元5万多的造价,也让它连续数年稳居世界最贵轿车排行榜第一名。当时,最新式的进口汽车普遍价位为3000银元左右一辆。

因为太嚣张、太豪华、太昂贵,张家的这辆汽车饱受非议。有人批评它缺点太多、安全性能不佳,有人说他虽然非常精致坚固,但贵出市面15倍的价格,终究性价比不高。无论如何,张大帅购置的这辆超级豪华装甲轿车,还是在20世纪20年代天津的繁华街道上,彰显了一把"东北王"的豪气与霸道。

胡光麃为平民教育
资助无线电设备

1926年,被誉为"世界平民教育运动之父"的晏阳初,以河北省定县翟城村为试点,推行他轰动全国的乡村教育计划,实践以强国救国为初衷的平民教育思想。在晏阳初开展定县实验的过程中,胡光麃和他领导的中国无线电业有限公司,助了一臂之力。

晏阳初和家人在河北定县

胡光麃1897年9月28日出生于四川省广安县。1910年,清华学堂仿照晚清幼童出洋的先例,特别举办游美肄业馆第一次招考第二格(中等科)学生考试,在这次考试中,胡光麃以13岁的年龄,成为庚子赔款最后一届录取的最小学生,与后来的国学大师吴宓、汤用彤以及著名诗人吴芳吉成为同班同学。1911年辛亥革命爆发,清华学堂停课,胡家为避祸,举家迁往天津。10月,他和哥哥胡光杰(即胡仲实)一起,考入著名的

胡光麃

天津南开学校就读,成了天津教育界名流张伯苓、时子周的高足。胡光麃说:"我的兄弟们全体受教育于南开,除我和二哥仲实外,尚有光寿、光燕、光熙、光楷都是,因此我们一门弟兄对于南开便结下了深厚的情谊。"这种南开情结也是他后来将天津确定为事业发展地的原因。

1914年8月,胡光麃作为清华留美预备学生赴美留学。1917年,无线电作为一门学科在美国大学开科授课,在麻省理工学院研习电机的胡光麃也成为这一新兴专业最早的学生。1926年7月,胡光麃辞去启新机器厂厂长职务。当时国内无线电事业起步不久,由于看好无线电广阔的发展前景,他在天津法租界创设了中国无线电业有限公司,地址位于繁华的马家口蓝牌电车道旁。为推动公司发展,他争取到关颂声、陈锦涛、邝荣光、叶庸方等在津实业家的注资,这几位都是具有实干精神和长远眼光的经济界重头人物。

中国无线电业有限公司先后引进了许多曾在美国名牌大学学习理工专业的高材生,担任工程技术人员。据胡光麃回忆,先后在中国无线电业公司效力的工程技术人员包括萨本栋、曹昌、谢鹤龄、徐鋆立、童凯、范本忠、王端骧、周贤传、莫瑜新、伦新昆仲、陈厚封、林伯中、陈应乾、萧复仲、周志承、张志坚等。他们中的许多人在后来

中国无线电业有限公司

独家经理

收音清晰
价低廉
定货参观
现已到
欢迎

无线电收音机

家庭中最高尚最流行的娱乐品

最新式

RCA~Radiola

天津法租界马家口蓝牌电车道旁

胡光麃创建的中国无线电业公司的收音机广告

的岁月中,都成为中国电信领域某一方面的专家。这些归国的学子,带着报国的热忱,利用进口元器件,装制发报机、收报机、密码机(保密机)、耳聋机(助听器)、变压器等,开了中国人自行设厂研制无线电器材的先例。

有了强力资本的推动,加上高精尖团队的高水平研发。20世纪30年代前后,中国无线电业有限公司不仅承接了美国无线电公司在中国华北地区和东三省的业务,甚至于东北和华北地区的军政机关和金融机构,都采用了中国无线电公司的制品作为通信工具。在1927年天津无线广播电台的建设过程中,胡光麃和他的公司提供了强大的技术支持。1928年至1929年间,在重庆、汉口、桂林、南昌、上海等地设立无线电广播电台的过程中,胡光麃的中国无线电业公司承担了具体建造任务。

1923年,耶鲁大学政治经济学学士、普林斯顿大学历史学硕士晏阳初,在文化名人张伯苓、蒋梦麟、陶行知以及时任北洋政府总理的熊希龄的夫人朱其慧等社会名流的支持下,组织成立了中华平民教育促进会,先后在华北、华中、华东、华西、华南等地开展义务扫盲活动。经过两年实地调查,他将河北定县选为平民教育的实验试点,与一批志同道合的知识分子在这里开展乡村教育实践。晏阳初面对中国农村破产、灾害遍地的残酷现实,希望借助人类先进科技成果来启迪民智。他认为"无线电广播是平民教育一种具有潜力、效率很高的媒介",决心将广播作为乡村建设的文化工具。在定县,晏阳初大力倡导广播无线电教学,并大规模开展了广播实验。

胡光麃有志让无线电技术推动平民教育运动。1930年6月,他以中国无线电业公司的名义,向晏阳初慷慨捐赠了一座价值数千元的电台,供平民教育总会研究实验。之后,又捐赠了一些无线电器材和扬声器。在胡光麃的帮助下,9月底,定县广播无线电电台开始播音。经过多轮实验,定县无线电广播教学在教育、计划、活动、新闻和娱乐方面取得了明显成效。传播建设方面知识的讲稿由各部门技术人员草拟修订后,由会说本地方言的人播出,亲切又亲民;民众能够从国际、国内和当地的时事中,捕捉到日军侵华和市场方面的消息。

1930年11月3日,晏阳初亲自致信胡光麃表达谢意:"你们的捐赠均已运达……对你和贵公司的慷慨捐赠,我代表平教全体成员深表谢意。"同时,晏阳初也对中国无线电业公司所生产产品的前景表示了期待:"如果我们对这些设备的使用很成功,那么我相信其它机构的广泛使用前景也是非常光明的。"

1932年秋冬之交,胡光麃岳父周自齐的弟弟周子文夫妇,陪同国民政府司法院院长伍朝枢赴定县访问。晏阳初在11月12日第一时间写信给胡光麃,说"你可能有兴趣知道,几天前您岳父的兄弟周子文夫妇陪同伍朝枢博士夫妇来访定县。我们希望不久的将来,您也能抽点时间来看看我们总的工作情况,并专门视察一下我们的无线电广播工作"。在资助晏阳初实践平民教育思想的过程中,胡光麃和晏阳初成为朋友,并被晏阳初引为在中国开展电化教育的同路人。

舌尖美食诱惑性灵

曹禺对糖墩儿的记忆

酸甜可口、色泽红艳的冰糖葫芦,堪称北味零食的代表,是广大北方居民童年记忆中不可或缺的一部分。天津出生的现代著名剧作家曹禺,在代表作《北京人》中这样描述曾家饭桌上诱人的冰糖葫芦:"条案前立一张红木方桌,有些旧损,上面铺着紫线毯,开饭时便抬出来当作饭桌。现在放着一大盘冰糖葫芦,有山楂红的,紫葡萄的,生荸荠的,胡桃仁

旧时街头小贩卖糖墩儿

的,山药豆的,黑枣的,梨片的,大红橘子瓣的,那鲜艳的颜色使人看着几乎忍不住流下涎水。"

北京人口中的"冰糖葫芦",天津人叫"糖墩儿",简称"墩儿"。20世纪初年的天津街头,时常可以看到一些手挎竹篮或肩扛草把子、走街串巷卖糖墩儿的小贩。插糖墩儿的草把子,用稻草扎成像收拢的伞子形状。旧年间天津劝业场一带的文利水果店还售卖一种单体糖墩儿。这种糖墩儿不是几个一串,而是将一种用各种果味糖汁蘸出的红果,穿在一支短小的竹签上,一支一个,装在带盖的圆盒里。这是现在独立包装糖墩儿的"先祖",是糖墩儿中的精品。火红娇艳、晶莹透亮的糖墩儿,配上朴实而憨直的津味叫卖声——"新蘸的去了核的大糖墩儿呀!""哎!红果的大糖墩儿!"格外勾人食欲。现代著名女作家张爱玲两岁随家人来到天津居住,八岁时离开,在天津度过了六年的童年时光。在

她以自己的人生经历为蓝本创作的自传体小说《小团圆》中,追忆过一段在天津生活时,男佣带她上街给她买冰糖葫芦吃的场景:"他曾经带她上街去,坐在他肩头,看木头人戏,自掏腰包买冰糖山楂给她吃,买票逛大罗天游艺场。"

青年时期的曹禺

曹禺对天津糖墩儿很有感情。这位余秋雨口中的"中国话剧艺术的奠基者",不仅把冰糖葫芦写进剧本,连他自己对冰糖葫芦的口味也是在天津培养起来的。曹禺1910年出生于天津一个日渐败落的封建官僚家庭,1922年秋作为二年级插班生考入天津南开中学。1929年9月,在父亲中风逝世后,曹禺由南开大学转入清华大学西洋文学系二年级,潜心钻研戏剧。他的童年和青少年时光大部分在天津度过。天津人讲究吃,曹禺对饮食也很有见地。在天津上学时,有两样食品给他留下深刻印象,一样是豆腐干,另一样就是糖墩儿。

天津糖墩儿讲究用料,传统中,有信誉的商家一般选用盘山出产的上等红果,去核后蘸上溶化的冰糖,有的还要填上豆沙、桂花、水果、瓜子仁等小料,用竹签穿上。熬糖时也要注意火候,蘸出的糖墩儿讲究不黏不烊,保证脆甜。20世纪初年,最让百姓享口福的是马庆祥和丁伯钰的糖墩儿,其中,又以丁伯钰的糖墩儿最富传奇色彩。丁伯钰出身殷实大户,父亲是候补道台,家族多年经营肥缺北大关税务,专门收取过往客商的税款,时称"大关户",而丁家则称为"大关丁"。八国联军占领天津后,北大关税收业务废止,丁家落魄,在天津大关税房工作的丁伯钰只好另辟生计,干起了卖糖墩儿的个体户,并以"少爷糖墩儿"闻名

丁伯钰

老城内外。天津现代著名报人刘炎臣曾采访丁家后人丁幼龄,据其后来整理的文章记载,丁伯钰做糖墩儿讲究真材实料,使用荷兰冰花糖、日本糖和台湾糖,红果选用河北冀县、涿州和天津蓟县的大红果,串糖墩儿不用竹竿而用苇子杆,一支糖墩儿四个红果,最后两个还要夹上豆馅,点缀核桃仁、瓜条、京糕和一片橘饼,帮助消化和开胃。

晚年卧病在床的曹禺,始终记得天津卫早年流行的那句歇后语"丁大少的糖墩儿——一尘不染"。民俗研究者崔普权,曾根据采访,以曹禺的口吻述及天津早年的糖墩儿:"丁大少的名声远远超过了卖果仁的张二和卖糖炒栗子的郑家……他父亲死后,家道中落,丁大少就以卖糖墩儿为业,由于质量上乘,色、香、味俱佳,绝对没有挑剔的,虽然卖得比别家贵,人们也都抢着去买。"曹禺的记忆是清晰的,其中有着对天津早年生活的深深怀念。

李石曾带着豆腐上世博会

1909年，比利时政府向清政府发来照会，邀请中国参加1910年在比利时首都布鲁塞尔召开的世界博览会。天津商务总会选派本地商家参与这一国际经贸交流盛事，有关工作也按部就班地开展起来。在商务总会报请津海关道批准搭乘西伯利亚铁路赴欧参会人员名单中，红底黑字的"李煜瀛"格外醒目。

创办中国豆腐公司时期的李石曾

李煜瀛，1881年出生，又名李石曾，出生于显赫的官僚世家。祖上于明朝末年科名鼎盛始入仕途；爷爷李敏启，道光年间太常寺少卿；父亲李鸿藻，咸同光三朝诸部尚书而至太子太傅、大学士、军机大臣，权敌相国，死后更被谥为文正，这是历朝文人从政最尊崇的谥号。

贵胄之家，能放下身段，以贩夫走卒、引车卖浆为职业的不多，李石曾便是其中一位。这一次，他是要带着中国的豆制品上世博会。此时的清廷，元气殆尽，根本无心也无力为这一盛会精心筹备。只是应付差事地拨出两万两银子作为参赛经费，并敦促各地商会号召商人自行参与，费用自理。李石曾闻讯，立即致函商务总会，要求报名自费亲临赛场，同时请求官方出面，协商会场展位事宜。1910年4月29日，华比商会就展位申请一事复函天津商务总会称："中国豆腐公司李君煜瀛，拟往比京赛会并祈代留会场地址及优待等因。敝会俟李君到会时，定必如礼欢迎，以敦睦谊，至中国赛会场请留地址一节，现准。"

李石曾的祖籍是河北高阳，此地民间有喜欢吃豆制品的食俗，豆制品制作工艺精良。在当时的直隶畿辅重镇天津,豆制品也是居民饮食结构的重要构成。豆皮、豆干、豆浆、豆丝、豆圈、豆腐等各种豆制品,有广阔的市场,其适合居民需求,不断改良品种、推陈出新。1902年,年仅21岁的李石曾跟随驻法公使孙宝琦到法国留学,先后就读于孟达顺莪农学院、巴斯德学院、巴黎大学。在校期间,他主攻农业,研究方向是大豆,通过研究,他得出结论:大豆是一种能够延年益寿的健康食品,可以替代肉食,并将研究成果写成专著,分别为法文版《大豆的研究》和中文版《大豆》。1909年,他学以致用,和同窗乡友齐笠山一起,在巴黎西郊创办中国豆腐公司。经营范围有豆腐、豆皮儿、香干儿、豆腐脑、豆浆等。中国豆腐公司开张后,李石曾招来部分生活困难的留法学生,让他们学习豆腐生产技术并承担豆腐工厂的管理和生产职责,发给他们工资维持生计和学业。经营"中国豆腐公司"为李石曾博得大名,人们送给他一个雅号——"豆腐博士"。

虽然豆腐公司开在法国,但却是天津的买卖。1910年,津浦铁路局拨款三十万元,入股法国豆腐公司。在一份津浦铁路局有关此事的公文中,有"今因李石曾部郎在法国创设豆腐公司,系为中国创举,藉以挽回

李石曾在巴黎创办的中国豆腐工厂

利权。虽公司开设法国,而所获余利仍办直隶实业,且可开直隶种豆之风"的文句,记录了中资入股的过程。经铁路局方面与李石曾面谈,后确定"分三年拨款入股,每年入洋十万元,以铁路加价利息一款作抵"。豆腐公司支持了李石曾的实业,位于天津的国营铁路也为豆腐公司注资。

李石曾的豆腐公司一度是留法的中国游子欢谈、聚餐、叙乡情的地方。20世纪初年,早期同盟会会员,河北沧州人张溥泉是留法学生中的活跃分子,很有人缘。他与同期留法的王子沅、郑朗照、洪光焜、吴弼刚、梁济桴、吴公耐、罗建生,是当时巴黎中国留学生中的"八剑客",几个人"以兄弟相称,朝夕相聚"。在1910年的日记中,他多次提及自己和朋友们光顾李石曾的豆腐公司。日记中记录的有时是到豆腐公司代购食物,然后和朋友到布罗尼林园草地游玩坐谈;有时是到豆腐公司吃"皮微厚"但是味道可口的素菜饺子;有时是带着法国朋友一起逛豆腐公司,晚上参加有法国女友操持的"夜会",直到半夜始归。好友、美食和艳遇,构成了早年巴黎留学生们在豆腐公司的美好回忆。

1910年5月,经过几个月的奔波,李石曾从东北搭乘西伯利亚铁路火车途经俄国境内到达巴黎,一路风尘仆仆,终于将中国豆腐公司的豆腐产品端上了世博会的展台。那届世博会,白嫩嫩的豆腐、热腾腾的鲜豆浆、薄如羽翼的豆皮、金黄诱人的豆腐干,盛在精美的陶瓷容器里,增进了各国来宾对中国豆制品的了解。世博会的成功亮相,也提高了中国豆腐公司的知名度。

有关李石曾亲赴世博会并祈预留场地的档案　比利时驻津领事馆关于世博会的照会

56

宋子文在起士林吃早点

1931年1月10日，天津各大媒体争先刊登了南京国民政府财政部部长宋子文来天津的消息。其中，又以天津《北洋画报》的消息尤其抓人眼球，文中称："财政部长宋氏子文，为与张副司令磋商裁厘以后之抵补税问题，于9日早八时来津。张氏亲迎之于老

张学良、宋子文吃完早点走出起士林

龙头车站，下车后即直赴起士林进早点。右影即张宋出门赴海河路北宁局长馆舍，宋即下榻于此之图也。"如文所言，陪伴消息之侧的，还有上面这张宋子文和张学良早餐之后走出起士林的照片。

本年初，中国各地迎来了酷寒天气，在冬季一向温和少雨的江浙一带，气温尚且降至摄氏零下14度，何况冰天雪地的北方。穿着呢子大衣、戴着小礼帽的宋子文身负大任。1930年12月15日，经由国民党中央执行委员会决议，南京国民政府财政部向全国发出通电："全国厘金及由厘金变名之统税、统捐、专税、货物税、铁路货捐、邮包捐、落地捐，及正杂各税中之含有厘金性质者，又海关之五十里外常关税及其他内地常关税、子口税、复进口税等，均应于本年12月31日一律永远废除。""厘金税"这项晚清政府为筹措军费镇压太平天国而设立，病商害民、阻碍工商发展的苛捐杂税，面临着被彻底废除的命运。

割据地方的军阀们如同遭遇釜底抽薪，断了部分经费来源。在裁厘

通告发出不久,奉系军阀起家的东北军首领,时任中华民国陆海空军副总司令的张学良向国民政府请示裁厘之后的经费解决办法,同时向财政部部长宋子文发出了请其北上来津的电文。1931年1月7日,宋子文得到蒋介石首肯,应邀由南京启程赴天津。

哥伦比亚大学博士宋子文是张学良的好朋友。1930年张学良携夫人于凤至到南京就任陆海空军副总司令时,就下榻于宋子文的铁汤池官邸。因为这层特殊关系,张学良一家和宋子文熟识。于凤至曾谈及他对宋氏家族的印象:"我们对宋家关系中的孔祥熙夫妇印象很好,他显示出忠厚的品质,宋子文则颇有学者风度。"她似乎更喜欢善于交际的孔祥熙,但张学良却和有学者风度、不会用舞会来招待他的宋子文成为朋友。在后来错综复杂的历史机缘中,张宋二人的友情经受住了考验。

宋子文早年毕业于上海圣约翰大学,又有留学美国的经历,饮食习惯偏向西餐。在当时天津的西餐馆中,起士林无疑是做得最正宗、档次最高,而又最负盛名的。这是一家很有故事的餐厅,1904年左右,远洋轮船上的厨师,年轻的阿尔伯特·起士林随船到了香港,在一家德国人开的西餐店当厨师。1906年,起士林结识了当时去香港的德国驻北京领事馆总领事,后者对他说:"去北方吧!天津有许多国家的租界地和各国去的侨民,却还没有一家像样的西餐店。"于是当年,天津法租界上一家名为

早年起士林外景

"起士林"的小西餐店开张了。经年累月,生意越做越大,分店越开越多,名气越来越响。

起士林的食品,是许多20世纪初年在天津生活过的人脑海中无法忘却的记忆。溥仪居津期间就非常喜欢起士林的食品。据回忆录记载,1927年夏,他曾嘱咐仆役到起士林买几样好些的点心招待贵客。因为天气炎热,仆役买了几样不含奶油的,这让吃惯了山珍海味的溥仪很满意。女作家张爱玲从小也被起士林餐厅的美味糕点冲刷过味蕾。张爱玲4岁的时候,她父亲张志沂在外面找了姨太太。母亲黄逸梵赌气出国留学后,张志沂将这位姨太太接回家中,姨太太觉得张爱玲乖巧听话,就经常用起士林的糕点奖励她。张爱玲说:"姨奶奶不喜欢我弟弟,因此一力抬举我,每天晚上带我到起士林去看跳舞。我坐在桌子边,面前的蛋糕上的白奶油高齐眉毛。然而我把那一块全吃了,在那微红的黄昏里渐渐盹着,照例到三四点钟,背在佣人背上回家。"这段关于起士林的记忆成为张爱玲永远的怀念,以至于许多年后回忆起在上海卡尔登公寓的日子,她也写道:"在上海我们家隔壁就是战时天津新搬来的起士林咖啡馆,每天黎明制面包,拉起嗅觉的警报,一股喷香的浩然之气破空而来……只有他家有一种方角德国面包,外皮相当厚而脆,中心微湿,是普通面包中的极品,与美国加了防腐剂的软绵绵的枕头面包不可同日而语。"

张学良挑选起士林为好友接风,确实有心,宋子文也领情。对于宋子文到天津后首日的行程,《北洋画报》的报道透露了很多细节。在起士林用餐完毕后,张学良携宋子文前往东北交通委员会副委员长兼北宁铁路局局长高纪毅家中。高纪毅是张学良的心腹,1929年1月10日,身为奉天警务处处长的高纪毅,因受张学良密令在帅府"老虎厅"枪杀杨宇霆、常荫槐,并妥善处理善后事宜有功,而被张学良格外器重。在张的安排下,宋子文与天津政要和各方军事首领把酒言欢,同时商讨中央酌补损失的办法,平衡各方利益。

梁启超"吐槽"日本料理

1912年秋,流亡日本13年的梁启超,受时任中华民国临时大总统袁世凯邀请,乘坐日轮"大信丸"号回国。熟料,船到天津大沽口外,因天气寒冷滞留多日,运送食物的小轮船又迟迟不到,这位昔日的维新运动领袖只能在享用日本料理的无奈中,体会了一把度日如年的滋味。

梁启超在10月8日写给爱女梁思顺的信中,一边表达心急如焚的思归之意,一边吐槽日本料理:"万不料到此后,盈盈一水,咫尺千里,又经三日矣。何时能进,尚如捕风……船上食品已尽了,西洋料理一变为日本料理,明日恐并日本料理亦备不起了,烟卷亦尽了,核桃花生之类,则数日前早尽了(小轮船不能来,故食物不至)。"被迫流亡海外多年,对国外食品的兴趣已经变淡了,好不容易踏上归国之旅,眼看就要与家人团聚,却又遭遇困守轮中、食物恐慌的小波折,一代宗师产生焦虑在所难免,情有可原。

这封书信透露出,在20世纪初年,日本菜比西洋菜便宜。梁启超还谈不上有多讨厌日本料理。戊戌变法失败后,梁启超逃出北京,东渡日本。实际上,多年的日本生活经历使他已经习惯并适应了日本食品。和杨度、熊希龄、蔡锷几位同样有留日经历的好友外出时,日本料理和湖南菜、广东菜、法式大餐一样,时常成为桌上美味。

1870年代末期出使日本的黄遵宪,在《日本杂事诗》注中写道:"日本食品,鱼为最贵,尤善作鲙,红肌白理,薄如蝉翼。芥末以外,具染而已。"生鱼片沾芥末的日本料理,给黄遵宪留下深刻印象。清末留日学生是接触日本食品最多的,但他们中的许多人并不喜欢这种口味,比如鲁迅和许寿裳。1904年9月开始就读于仙台医学专门学校的鲁迅,在

《藤野先生》一文中提到，到仙台之后，他每天都要喝下一种难以下咽的酱汤。他说的酱汤，就是著名的仙台味噌汤，以口味偏咸偏辣著称。1908年，鲁迅的同乡友人邵铭之（文镕），自费到东京留学。这个人很厚道，当时的留日学生都要先进入东京的日本清华预备学校，学习日语。许寿裳说："因为清华学校里有中国厨子，他（邵铭之）常备中国菜以饷我们，我们本来吃厌了日本料理，一旦遇到盛馔，自然像秋风吹落叶，一扫而空了。"

然而也不是所有留日学生都会对日本料理日久生厌，比如鲁迅的弟弟周作人。他娶了一位日本太太，对日本料理十分钟情。他说："中国学生初到日本，吃到日本饭菜那么清淡、枯槁，没有油水，一定大惊大恨……这是大可原谅的，但是我自己却不以为苦，还觉得这有别一种风趣。"在周作人的文字间，充满了对"味噌汁与干菜汤""金山寺味噌与豆瓣酱""福神渍与酱咯哒""牛蒡独活与芦笋""盐鲑与勒鲞"以及"匣中盛饭，别一格盛菜，上者有鱼，否则梅干一二"的"便当"的眷恋。

对日本料理持中立态度的是郁达夫和张爱玲。在日本留过学并且嘴刁的郁达夫没法容忍日本料理的淡，但是喝酒喝到头痛时，心中还惦念那一碗让鲁迅难以下咽的味噌汤。张爱玲觉得日本料理不算好，太清淡，但也不得不承认日本人做饭对于食材的讲究。她对日本豆腐尤其念念不忘，认为其中"有清新的气息，比嫩豆腐又厚实些"。有一次上日料店吃饭，一个人吃了一整块，她说自己"想问女侍他们的豆腐是在哪买的，想着我不会特别到日人街去买，也就算了"。

天津的日租界是近代中国五个日租界中最大最有特色的，这让天津人较早接触到了日本料理。1934年春节期间，日本料理作为一种文化现象出现在天津《北洋画报》上。旅日人士李启文撰文，从"日本四面滨海"的地理原因分析了日本食品以水产为主、以鱼类为多的主要特点。在文章中，他重点介绍了"生鱼片"和"臭鳜鱼"，称："日本人通常吃的鱼类，其中最贵重的是某种鱼的生鱼片，吃时毫不加烹煎调理，红白的肉片上常带着血腥，日本叫作'御驰走'（高等餐之意）。普通敬客宴会，或过节时

1930年代天津报纸上刊登的日本料理

多食之,价甚昂。留学生到日本。大都吃不惯,又因价昂,且不敢吃此上等料理。此外还有一种鱼,吃时在炭火上烧烤,发出一种特别臭气。住在民家的留学生一遇着烧鱼,非外出不可;但吃时却甚适口。"

随文一起刊登的,还有日料图片。图片中,生鱼片、烧咸鱼、笋片、鸽子、咸鱼子、酱油、蜜柑、酱栗子、豆子等地道的日料花色,引导读者在无限畅想中垂涎。

日本料理不仅在街边饭馆中抢眼,也在海上轮船上风靡。不同于梁启超吃日本料理时的味觉疲劳,有欧洲留学经历的朱自清,在海轮上吃起日本料理来,却是津津有味的。1937年9月25日,因日本侵华随校南迁的朱自清和一班同事,自天津塘沽登海轮去青岛,坐船南下途中,朱自

1927年6月29日首航到天津的大连公司新造轮船"天津九"号

62

清胃口独好。同行的吴大猷说:"我们离津所乘的轮船,是在近海行驶的二千吨左右的小船。同舱房的有饶毓泰老师夫妇、清华大学化学系教授黄子卿、清华大学文学系教授朱自清。房间在船尾,船颠簸得很厉害,船舱内空气极为浑浊,即使经常在海上航行的人也要呕吐。独朱自清先生仍能每餐进几匙鱼肝油,真使人既敬佩又羡慕。"

溥仪和张学良共进早餐

　　20世纪30年代,在天津的末代皇帝溥仪和少帅张学良曾一起吃过一次早餐。这次早餐的话题比较沉重,内容是张学良劝溥仪放弃当皇帝的念头。

　　对于这次记不清确切时间的早餐,张学良曾回忆说:"我在天津一个饭馆吃早饭,溥仪突然进来看见我,我劝他把身边的老臣辞掉,这些人围着你就是在揩你的油。我劝他去南开大学读书,真正做个平民,将来选中国大总统有你一份。如果今天还是皇帝老爷这一套,那你会把你的脑瓜子耍掉为止。"

20世纪初年一名天津孩子吃西式早餐的照片

　　天津人喜吃面食和豆制品,煎饼果子、嘎巴菜、烧饼、油条、炸卷圈、豆浆、包子、小咸菜,是天津传统早餐的基本品种。近代以来,受西化生活方式影响,面包、牛奶、蛋糕、饼干等舶来品也成为时髦人士的早餐选择。在利顺德、起士林等名店,经常可以看见西装笔挺的大人物坐在餐桌边优雅用餐的场景。溥仪和张学良,就是这些饭店的常客,他们的早餐品种在中式西式间随意切换。

　　溥仪是带着匡扶祖业的希望来到天津的。清朝灭亡后,溥仪的身边聚集着一个以陈宝琛、罗振玉、胡嗣瑗、郑孝胥等遗老为主力的智囊团,美其名曰"清室驻津办事处",在这个小朝廷众臣的簇拥下,溥仪继续享受着皇上的待遇。

在天津生活期间的溥仪,依然按照皇上的礼数接见以往的臣子和所有的拜见者,以皇上的派头去视察外国驻津使领馆。他很享受这种受到尊重的生活,在回忆中他说,这些遗老们对帝王威严的尊重,是使他"对这些老头子特别发生信赖的原因",还说:"驻在中国土地上的外国军队,耀武扬威地从我面前走过的时候,我却觉得颇有光彩,因为外国人是如此的看得起我,超过了天津的任何一个民间的官员。"面上风光,实际上溥仪已然是外强中干,过得并不痛快。20世纪30年代曾任天津市市长的张廷谔说:"溥仪在天津时,国人待他并不好,他在英租界看球赛,学生都轰他。"溥仪当时的苦闷应该是可以想见的。

张学良比溥仪大4岁,是势力如日中天的奉系军阀张作霖之子。他观念新潮、风流倜傥,年仅19岁便已开始带兵打仗,驰骋疆场,在天津这座北方时尚之都留下了许多佳闻韵事。

张学良与溥仪的首度接触是在溥仪来到天津之初。1926年4月1日,张学良的副官和拜把兄弟、北京大学毕业的胡若愚将张学良带到溥

天津租界街景

着西服的张学良

着西服的溥仪

仪寓居的张园。溥仪提前做了周到的安排，但是年轻的少帅却有点来去匆匆，不以为然。溥仪回忆张学良的这次拜会时说："不过这位少帅只来了一次，也不吃，也不喝，显然是发现我这里没有什么好玩的，以后再也不来了。"看得出，在溥仪眼中，张学良不过是靠拼爹出头、只擅玩乐的纨绔子弟。

张学良对溥仪的印象也好不到哪儿去。晚年的张学良在接受著名史学家唐德刚采访时，透露过他很不喜欢溥仪那套皇帝接见臣子的架势和派头。张学良说："他见面就问我：'你军队怎么样啦！'我说：'你打听那些干什么？这与你有什么关系？你不要谈这些，将来选大总统，这是你最好的机会，为什么？'因为你有这个身份，你真正做个平民，你把你皇帝老爷那一套都摆掉，真摆掉！'因为这样的印象，才有了张学良在饭桌上对溥仪苦口婆心的劝告。

张学良在餐桌上的建议，溥仪根本没有听进去。溥仪曾说："我和奉军将领的交往，有一些人关系近些，有些就远些，事情决定于他们对复辟的态度。"溥仪居津期间，一直是日本人拉拢的对象。1928年，日本关东军发动"皇姑屯事件"，张作霖被炸死，日本开始加紧实施扶持溥仪成立伪满洲国的计划。张学良对溥仪的复辟大业持反对态度，溥仪在心理上对张学良排斥，他们共进的这顿早餐不欢而散。

严复请张廷谔在平津快车上吃西餐

　　清末民初,生活在天津的知名人物,以吃西餐为前卫时尚。通行于天津和北京之间的城际列车,考虑到顾客需求,也供应诸如咖啡和火腿、吐司之类的西餐。1913年,担任袁世凯总统府外交法律顾问的著名思想家严复,在从天津开往北京的快车上,请当时还在天津高等工业学堂学习机械的学生张廷谔,吃了一次西餐,菜品内容为咖啡和火腿、吐司。

　　1895年12月7日,清政府批准建造天津至卢沟桥段的津卢铁路,这是平津铁路建设之始。列车开通后,几次提速,到1910年前后,天津和北京之间,最快用两个小时的车程就可以到达。为方便乘客,火车设有专门的餐车。日本明治、大正时期的实业家、日本石油株式会

20世纪初年的天津站

67

社首任社长内藤久宽，1917年10月曾有过为期五天的天津之行。在内藤久宽的印象中，中国火车上供应的西餐经济实惠，"远比日本的餐车便宜"。冯武越曾在一篇文章中提到，火车餐车供应的中菜有一汤四菜、点心水果，仅售一元五角，物美价廉。车中的西餐做得地道，只不过每餐限量供应，仅有七八个人能享受到，分配则按照"一等座一到二个人，二等座六个人"的比例。

民国年间通行于北京和天津的火车，座位一般分头等、二等、三等几个级别。一等座是可供乘客睡觉休息的卧铺，宽敞舒适。晚清洋务重臣盛宣怀的孙女、新月派诗人邵洵美的妻子盛佩玉乘坐过头等座，她曾用惊艳的口吻描述过平津间的卧铺车厢："来往北京（平）的列车，卧铺包厢是十分华丽的，两个人的床位，上下铺，边上有只小沙发似的椅子，大红丝绒的窗帘。"一代学者严复，就是在这样舒适惬意的餐乘环境中，戴着墨镜，受到了后生小辈张廷谔的拜见。

张廷谔是著名政治家，曾于1934年及1945年间，两次出任天津市市长。他早年东渡日本留学，武昌起义后回国，参加了滦州革命军策划的在天津车站炸死张怀芝的革命活动。失败后，经民军都督府都督胡瑛推荐，拿着都督府给的三十元交通费，到黄县赴任县长。他坐轿子去拜访当地士绅，由于不懂得弯身倒退着坐上轿，而直挺挺地走上轿，碰伤了前额，轿夫们都调笑"县太爷不懂得坐轿子"。由于书生气太重，他只做了三个月县长，就辞职不干了。1912年，张廷谔来到天津，到天津高等工业学堂重新做学生，学习机械，直到1914年毕业。

1913年，就读于天津高等工业学堂的张廷谔，在读书时突然脑洞大开、灵光一闪，产生了拜访大学者的念头。当时思想界泰斗严复是青年学子心中的偶像，严复的《天演论》作为重磅级能摆在案头供课外休闲阅读的理论书籍，曾影响过一代进步青年的世界观。严复在报纸上发表的评论文章，也时常冲击着热血青年的头脑。为此，张廷谔将拜访的目标锁定在严复身上，张廷谔说："民国二年一天，我忽然想求学中念了许多书，但对于著书立说的古圣先贤无缘得瞻，很是遗憾，但是活着的学者很多,为什么不去领教领教?"

著名翻译家和教育家严复是个老天津,自1880年被李鸿章调到天津北洋水师学堂担任总教习开始,来来去去间,多次在天津任职。1912年10月,严复辞去北京大学首任校长职务后,返回天津英租界海大道(今大沽路)德源里居住。根据张廷谔回忆,他为拜访严复,曾分别在头一天上午和晚上连续去了两次,但都遭遇了"闭门羹"。他想,"严先生非常爱国,一定不会拒见虚心求教的爱国青年",因此认为是门房从中作梗,不替他传达。郁闷之际,他看到严复刊登在报纸上的一篇主张大总统有封蒙古西藏王爵之权的文章,又了解到严复第二天会搭火车赴北京见大总统袁世凯。他连夜把这篇七百字的文章背得滚瓜烂熟。第二天便心急火燎地拉着朋友去车站,买了两张头等车票,准备"上火车去碰运气"。

进到包房后,他发现包房的位置很空,"只有一位戴墨镜的老先生在一个位置上躺着养神",他猜这个人大概就是严复,便在他对面坐下来。为了引起严复的注意,张廷谔采用预先排练好的方式主动搭讪。张廷谔在接受沈云龙采访时,这样描述了这一富有戏剧性的过程:"车过北仓站,我开口问我的朋友:'昨天报上严先生的文章看过没有?'彼此就谈论起来,我把那文章都背出来,严先生可张开眼睛坐起来了,他开口问我:'贵姓?'赞美我记得这样清楚,并且自我介绍:'我就是严复。'"

看到自己的观点能被年轻人赞同,严复满心欢喜。他立刻叫茶役送来了火车上限量供应的咖啡和火腿、吐司,用黄油的浓郁、火腿的酱香、面包的松脆、咖啡的醇厚,来回应年轻人的用心。一路谈到北京,下车后,严复的儿子来接站,严复邀请张廷谔和同学一起坐马车去他家,并对他儿子说:"你要交这种朋友,将来了不起!"

"赵四"兄长赵道生开西餐厅

1927年5月20日,在天津法租界12号路115号戒酒楼后面,一家悬挂着极具艺术设计感的法文牌匾"CAFÉ RICHE"的餐厅开张了。餐厅中文名"大华饭店",这是一家为迎合都市人们新口味而诞生的西餐厅。

20世纪初年,清朝垮台、北洋军阀内战,大批的清朝遗老、失意政客携家带口移居到天津。这些曾经盛极一时的人物难免嘴刁眼挑品位高,为满足他们宴请来宾、家庭聚餐的需要,一些热心人士提议在天津租界繁华路段建一所高大上的餐厅,主营精美西餐。1917年移居天津的北洋政府交通系要员,曾任九广铁路督办、交通银行上海分行经理、津浦铁路及京沪-沪杭甬两路局局长的赵庆华,是最积极的倡议者。赵庆华曾经在京郊八大处投资修建了西式的西山饭店,有创办饭店的经验。

1927年,赵庆华联合100多位寓居天津的社会名流参股,投资创办了大华饭店。股东们研究决定,由赵庆华的第五子、24岁的赵道生担任饭店总经理。赵庆华有六子四女,一生痴情追随张学良的赵绮霞(赵一荻)是赵庆华的四女儿,人称"赵四小姐"。在赵庆华的儿女中,赵道生是最精明能干的一位。这位赵四小姐的胞兄,性格阳光开朗,曾就读于张伯苓主持的私立南开学校,在上海复旦大学商科学院贸易系取得商学学士学位。

天津大华饭店的中文名字借鉴了上海的大华饭店,法文名称则沿用法国巴黎最讲究的饭店名称"CAFÉ RICHE",底下特别注明法语

赵道生

70

"Restaurant de luxe"，意思是最优等的餐馆，以区别于市面上普通的咖啡馆。饭店选址法租界十二号路和二十一号路交口的德泰洋行楼上。这里一面通梨栈大街、一面通中街、一面通大沽路、一面通西开，是租界中最繁华的路段，交通十分便利。

大华饭店的入口

20世纪20年代的天津饭店中，利顺德、裕中、皇宫、福德、正昌、起士林等名店，家喻户晓。和这些大店名店相比，"大华"无论是设备等硬件，还是厨师、卫生、服务等软件，都毫不逊色。饭店一反许多同行只有堂食的单一大堂布局，设有公共大厅和雅座的具体区分；纯西式的设计搭配精良的设备，体现原汁原味的西餐文化；纯大理石铺就的冬日花园，舒适惬意；迎合时尚修建的屋顶花园，纳凉跳舞皆随意。为保证饭菜口味，赵家把北京西山饭店的一位吕姓厨师调过来。这位吕大厨曾在北京的美国大使馆供职多年，被北京著名的西人餐厅客利饭店聘用过，是做西餐的行家。他们还从裕中饭店挖来了当年北京正昌饭店的第一号厨师，担任特级点心师傅。独特的优越性，让大华饭店在开业之初就堂而皇之打出广告称："西餐、屋顶、跳舞、花园"，毫不隐讳自己破天荒、纯西式、最华贵的优势。

大华饭店屋顶花园

赵道生善于经营，为留住顾客，他从挑选食材上下功夫。为迎接圣诞节的到来，他从黑龙江订购了100多斤的鲟鳇鱼一尾，通过铁路运到天津，让大华饭店的鲟鳇鱼大餐在天津城轰动一时。他从北京达仁堂采购鹿肉，形成了"连日往吃鹿肉者，大有其人"的热闹场面。每隔几天，大华都会在报刊上登出一道本周推荐菜，从铁扒斑鹿到新颖冷吃，从雏鸡到天鹅，从洋酒布丁到三味夹饼，从火鸡到填鸭，不一而足。对菜品质量的把关，让大华在竞争中脱颖而出。

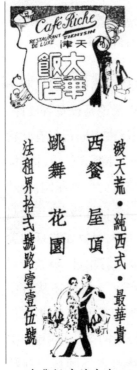

大华饭店的广告

　　大华的促销战略也很给力。为吸引顾客，赵道生大打广告战，每年用十分之一的盈利为饭店做推广。1928年5月，大华向每天晚上前来就餐、喝咖啡的顾客赠送一个咖啡匙。这种咖啡匙是向英商特别定制的，精细玲珑、做工考究，客人们爱不释手。1929年6月2日，大华饭店举办庆祝开业两周年纪念活动，前来光顾的男性顾客获得了由瑞士定制的银质火柴盒。因受抵制日货的影响，天津市面洋纸缺乏，许多月份牌业务因成本过高都停止印制了，1930年元旦前夕，赵道生不惜花大价钱印制了精美的月份牌，赠给圣诞和新年前来光顾的顾客。

　　在赵道生的努力下，大华饭店成了天津城各界名流就餐休闲的常去之所，除了大受欢迎的屋顶花园跳舞场，一些展览、文化演出和社团活动也经常在这里举办。1927年，这里承办了画家钱鼎的画展和《北洋画报》的美术摄影展览会。天津基督教青年会下属联青社将大华作为活动基地。据《北洋画报》记载，联青社每届开会，一切仪式都具西洋风味，时髦之极。赵道生管理的大华，作为天津城内享誉一时的西餐厅，曾引导当年天津的西餐风尚。

孟琴襄打造卫生实惠的学生食堂

　　晚清出洋考察宪政的五大臣之一的戴鸿慈,在1905年参观完哈佛大学后忍不住赞叹:"食堂容千四百余人,凡治饭膳,由学生公举数人为之,故从不以此起哄,亦管理学堂之一术也。"20世纪20年代前后,仿照哈佛大学等西方大学管理模式而设置的学校食堂,被借鉴到天津南开校园中。主管学校后勤工作的孟琴襄,是早期南开食堂创建的功臣。

　　1884年出生的孟琴襄,与喻传鉴、华午晴、伉乃如四位,以服务南开时间长、在师生中声望高,被誉为南开的"四大金刚"。孟琴襄因为性格粗中有细,外表又憨厚淳朴,在承担繁重行政工作的过程中非常认真周到,同事们都亲切地称他为"傻孟"。长期担任南开学校大学部秘书长的黄钰生说他"为人憨厚","其实他精明能干"。

南开学校庶务主任孟琴襄

　　"傻孟"的确不傻,他在南开中学的食堂管理上,彰显了才干和责任心。食堂由庶务课负责,作为庶务主任,孟琴襄先从健全组织着手,专门安排了一位职员办理用餐事宜,计算每位同学的餐费,处理诸如收费、编排桌位、和食堂对接等琐碎事务。因为专人专责,一切进行得井井有条。庶务课人手不够,他便在各年级中选出骨干学生担任庶务代表,对负责做饭的大师傅进行监督,既解决了缺人的问题,也以此培养了学生们参与食堂管理的责任心和处理具体事务的能力。

　　孟琴襄对食堂的卫生也有严格的要求。每餐吃饭前,庶务课学生代

早期南开大学八里台校园

表们要提早到达饭厅,对食堂工友进行卫生检查。1926年8月进入南开中学就读、担任过庶务课代表的南开老校友张源说:"工友们排队伸出手来,一个个由我查看是否洗过,自觉很神气。"南开西墙外有一段臭水沟,一到夏天,蚊蝇孳生,极易传染疾病。孟琴襄命人在食堂外加建了一段玻璃窗短廊,安装上铁纱窗,食堂入口处特设两道门,门口挂上粘蝇纸,并由工友手持蝇拍赶打苍蝇。如此一来,即便苍蝇有多头多翅,能飞进头道门,也很难通过天罗地网进入二道门,有力地阻止了这些绿头黑头"小怪"对师生盘中餐的侵袭,他极力将南开食堂打造成"无蝇饭厅"。黄钰生提及孟琴襄负责食堂工作时,曾对厨师提出过一个要求,即"如果饭菜里有苍蝇就罚他重做一个菜",有调皮的同学从外边抓一个苍蝇扔到菜里,要罚厨房。厨房掌柜的总是小声说:"先生们,我们是小本经营,赔不起呀!"

孟琴襄管理的南开食堂采用承包制,由厨师包下来,学校只提供饭厅、桌凳、水电等必备设施。用餐采用包饭制,分为包全伙、包半伙两种。包全伙是自包饭时起至当月月底止,每天中午、晚上两餐在食堂吃,选择这种包饭方式的一般为住校生。包半伙是除星期日外,每天只由学校提供一顿午餐,一般走读生多选择这种方式。不论"全伙"还是"半伙",都是不管早饭的。南开食堂的早饭供师生自由购买,每天七点开餐,因为定量供应,这也成了对早起勤奋者的一种"奖励"。

20世纪初年的南开学校是一所全国性学校,学生来自五湖四海,甚至包括海外华侨子弟,老师也来自四面八方。为了照顾师生们的不同口味,让每个人都能得到舌尖上的满足,孟琴襄特意在南开设立了三个食堂,分别供应本地、江浙及广东口味的饭菜。兼顾少数民族学生的饮食习惯,他主持在校内网球场边开设了一家牛肉馆。根据1929年冬孟琴襄带着南开大学庶务委员会专门制定的《牛肉馆包饭办法》可知,南开学校牛肉馆可容纳用餐五桌,每桌六人,共三十人,每人每顿饭花一毛三,每顿饭三荤一素,外有咸菜一小碟,米饭、馒头、稀饭管够。从中,可见校方对少数民族学生的贴心关怀。

"蹭饭吃"是校方给予南开教师的特殊福利。为解决老师们上完课顾不上做饭这一普遍难题,孟琴襄允许老师可以不花钱在学校食堂的包桌上吃中午饭。师生同桌吃饭的规矩主要是不要抢菜,校长张伯苓有时也会和学生坐在一桌吃中饭。说起张伯苓"蹭饭",黄钰生曾调侃说:"他很策略,提议把四盘菜顺时针方向挪动,为的是不让好菜总在一个人的面前。可是每逢一盘鱼挪动到他的面前时,就不再挪动了。"

徐志摩在名西餐厅享受美味

徐志摩

1926年2月,29岁的徐志摩为与陆小曼结婚一事回南方老家过春节。6日下午三点,他乘坐京津快车抵达天津老龙头火车站,列车晚点两个钟头。因为由天津发往上海的轮船要次日上午十点才能启程,这位被时人誉为"新月派盟主"的著名诗人,在前往接站好友王文伯的帮助下,将所带行李搬运上在海河码头等待的"新铭轮"船舱,开始了愉快的逗留。

天津对徐志摩来说,是一座熟悉的城市。徐志摩是浙江海宁硖石人,1916年秋他从上海浸信会学院暨神学院(沪江大学前身,现为上海理工大学)转入天津国立北洋大学预科,来到天津接受新式教育。清末民初,北洋大学(初名"天津北洋西学学堂",今天津大学的前身)因治学严谨、校风朴实,获得美国哈佛、耶鲁等欧美名校的认可,毕业生可免试进入欧美一流大学攻读研究生,一度被誉为"东方康奈尔"。在这所以培养理工科人才见长的学校,徐志摩学习的是法律专业,在校期间,学习成绩相当不错。据天津大学档案馆馆藏档案,在一次期末考试中,他的成绩是:英文88分,中国文学90分,世界历史98分,法律基础90分,逻辑心理学86分。江南著名藏书家蒋光煦的曾孙、台北故宫博物院前院长蒋复璁,与徐志摩是浙江海宁老乡。徐志摩北上天津读书期间,蒋复璁因哥哥在天津当医生的缘故,就读于天津以普鲁士办学模式创立的德华中学,与徐志摩交往密切。他对徐志摩的学习能力非常钦佩,称:"时先仲兄悬壶津门,余亦就学于天津之德华中学,与志摩常相过从,乃知其读书不异于常人,而成绩优异,斐然杰出者,盖天赋智慧,有非他人所可企及也。"1917年,国立北洋大学法科并入北京大学,徐志摩随专业去了北京。

1926年在津短暂逗留,对徐志摩而言是故地重游。火车倒轮船、留宿一夜的空当,给了他拜会友人、享受天津美食的机会。徐志摩为人真诚、秉性忠厚、城府浅,朋友很多。当时居住天津,和徐志摩关系要好的朋友,除了供职于中国银行的王文伯外,还有前北票煤矿公司总经理、时任中英庚款顾问委员会中国委员的地质学家丁文江,民初北洋政府教育总长范源濂,南开学校校长张伯苓,以及清华大学前教务长张彭春。徐志摩到天津的当天,丁文江因中英庚款顾问委员会事宜南下,不在天津。接待徐志摩的任务就落在了其他几位好友的肩上,主要负责操持的是王文伯。

留学美国学习金融学期间,徐志摩结识了在哥伦比亚大学学习经济学的王文伯,二人成为终身好友。徐志摩的书信透露出,他觉得王文伯是屈指可数值得一交的人,认为自己在银行界的朋友中,就王文伯和徐振飞有趣,其他则是市侩居多。王文伯用新买的小轿车带着徐志摩在天津繁华街区逛,在好友面前显摆了一把银行金领的"阔气"。徐志摩很羡慕王文伯的这辆"内外都是暗蓝色,里面是顶厚的蓝绒,窗靠是直柚木"的新汽车,觉得"车子漂亮极了",是他在北方见过的轿车中"顶有taste(有品位)的一辆"。

在王文伯的安排下,因火车晚点没顾上吃午饭的徐志摩,先去法租界起士林吃了饭。随后买了一大盒起士林的名牌产品"好吃糖",快马加鞭给北京的陆小曼寄去。起士林的自制糖果在20世纪初年的平津一带很有名气,这种"好吃糖"因花色多、口味醇正,受到广泛欢迎。接着,徐志摩又去南开中学看望了张伯苓和张彭春兄弟。在张伯苓的办公室,迫不及待地借来纸笔给陆小曼写下情书一封,表达对所爱之人浓浓的思念和殷殷嘱托,其中说:"现在在南开中学张伯苓处,问他要纸笔写信,他问写给谁,我说不相干的,仲述(张彭春)在旁解释一句:'顶相干的。'方才看见电话机,就想打,但有些不好意思。回头说吧,如住客栈一定打。"

徐志摩和陆小曼的爱是一场不受社会舆论支持的任性之爱。1926年初,徐陆二人的婚事提上日程,此次途经天津回南方,徐志摩就是要和家人谈判迎娶陆小曼一事。在南开中学写下的这封情书中,他对未婚妻千叮咛万嘱咐,劝说陆小曼调整生物钟,改正熬夜的习惯,早睡早起,多晒太阳,并在信的末尾颇为"肉麻"地哄道:"眉眉你一定得听我话,你不听,我不乐!"

情书发出的当晚,徐志摩在位于法租界大法国路与狄总领事路交口的正昌咖啡店(今解放北路与哈尔滨道交口),接受了南开校董范源濂的宴请。正昌咖啡店在当时的天津是与起士林齐名的西餐厅,聘请法国来华厨师和面包师担任主厨,菜式以法式面包、各色点心、奶酪、糖果、葡萄酒、牛羊鸡鸭、海产品、蜗牛、鹅肝为特色,是天津喜欢西式生活的人士消闲的时髦去处,档次很高。溥仪寓居天津期间,经常和婉容去这家店吃饭。

徐志摩喜欢西洋音乐,不爱听京剧。当天晚上,他拒绝了好友们邀

民国年间西餐厅

78

请他一起去看京剧老生余叔岩演戏的提议,在饭店与王文伯聊天。王文伯和他谈起回国后在银行界闯荡的经历,他的办事能力令徐志摩很钦佩。在赴沪途中写给陆小曼的信中,徐志摩表示:"这人(王文伯)真有心计,真厉害,我们朋友中谁都比不上他。我也对他讲些我的事,他懂我很深,别看这麻脸。"王文伯虽然满脸麻子、财大气粗,但是却深谙文人心思,颇有雅士情怀。帅气清秀、才华横溢的徐志摩与他不是同道中人,却对他始终怀着"人不可貌相"、高看一眼的敬重和欣赏。

天津朋友的盛情招待让徐志摩很是受用,以至于第二天乘坐海轮南下途中,徐对船上的伙食小小地表达了一把不满,抱怨说:"吃饭像是喂马,一长条的算是桌子,活像你们家的马槽,用具的龌龊就不用提了;饭菜除了白菜,绝对放不下筷去,饭米倒还好,白净得很。昨天吃奇斯林(起士林)、正昌,今天这样吃法,分别可不小!"

张爱玲对松子糖又爱又恼

　　天津的松子糖,在现代女作家张爱玲心中,是又爱又恼的回忆。在散文《私语》中,她谈及小时候在天津的家中摆放着的松子糖:"松子糖装在金耳的小花瓷罐里,旁边有黄红的蟠桃式瓷缸,里面是痱子粉。"

张爱玲和弟弟在天津时的合影

　　张爱玲在天津的家位于法租界三十二号路61号(今赤峰道83号)。张爱玲提到过父亲张志沂买了一本萧伯纳的书,叫《心碎的屋》,扉页空白处留有英文题识:"天津,华北。一九二六。三十二号路六十一号。提摩太·C·张。"张爱玲是名门之后,祖父张佩纶是清末名臣,祖母李菊耦是晚清重臣李鸿章的长女,父亲张志沂属于遗少型的少爷。1922年,张志沂带着一家老小,赴任天津津浦铁路局英文秘书,2岁的张爱玲就在那时与天津这座城市结下缘分,直到1928年离开。在张爱玲留世的许多作品如《私语》《小团圆》《色戒》《谈吃与画饼充饥》中,都有天津的影子。

　　张爱玲在天津生活的20世纪20年代,松子糖以稻香村的最有特色。这种松子糖是在糖浆中加入松仁而制成的糖果,色黄透明。有软糖和硬糖之分,硬糖常制成粽子状,白色松仁隐约可见。

　　早在清朝末年就开始在全国享有盛誉的糕点老字号稻香村,是20

世纪初年天津南味零食的代表。1902年,富有经营谋略的稻香村老板,派出掌握有稻香村食品制作绝技的师傅,来到五方杂处的九河下梢天津,在繁华的南市大街丹桂茶园对面,开了天津的第一家稻香村加盟店——老稻香村南味生理。1909年,店铺迁至河北大胡同商务印书馆对面,改名老稻香村合记北号。稻香村以生产江浙口味零食闻名,它将极具江南风味的精致美食带到天津,其肉素兼备、美观好吃、重油重糖、易于存放的优势,也吸引了上至名人百官、下至平头百姓纷至沓来。一时间,全记稻香村、福记稻香村、明记稻香村、森记稻香村、裕记稻香村、春记稻香村、朋记稻香村、桐记稻香村等招牌,在天津繁华街市随处可见。

稻香村"加盟店"采用前店后厂模式,各自为政,彼此并无关联。推出的特色美食有冬瓜饼、姑苏椒盐饼、猪油夹沙蒸蛋糕、杏仁酥、水晶绿豆糕、南京板鸭、金华火腿、酱汁肉、熏鱼、熏鸡、熏肉、熏鸡蛋、酱铁雀、醉紫蟹、糟蛋、糟鱼、叉烧肉、糖醋排骨、南腿饼、肉松饼、枣泥麻饼、酱鸭、筒鸭、肴肉、什锦烤麸、油鸡、蜜汁凤尾鱼、苏氏熏鱼、南味素什锦、薄荷糖、玫瑰糖、芝麻南糖、云片糕、寸金糖、核桃糖、松子糖等,深受欢迎。张爱玲家所住的法租界,开有一家福记稻香村,在杜总领事路(今和平路)上,早年附近居民对福记稻香村里售卖的风味零食记忆深刻。泡一壶茶,再备一罐松子糖以供休闲解馋,是当时寓居天津富贵人家的一种生活方式。

张爱玲的亲弟弟,小她一岁的张子静,小时多病,而且有多数小孩子都有的"馋嘴病"。张爱玲谈及病中的张子静对松子糖的情有独钟,颇有点恨铁不成钢的责怨:"病在床上,闹着要吃松子糖——松子仁舂成粉,掺入冰糖屑——人们把糖里加了黄连汁,喂给他,使他断念。"张子静爱吃松子糖,为了戒掉他的糖瘾,张家甚至专门定制了苦涩的黄连松子糖。对这个唯一的弟弟,张爱玲是很疼惜的,在散文《弟弟》中,她充满嫉妒地赞美弟弟的美,说:"我弟弟生得很美而我一点都不。从小我们家里谁都怜惜着,因为那样的小嘴,大眼睛与长睫毛,生在男孩子的脸上,简直是白糟蹋了。"听说弟弟逃学、忤逆、没志气等斑斑"劣迹",她比谁都气愤;因为弟弟在后母家吃饭时为一点小事被父亲扇了耳光,她哭了,并咬着牙暗暗发誓:"我要报仇。有一天我要报仇。"

当代作家叶兆言曾评论:"张爱玲的一生,就是一个苍凉的手势,一声重重的叹息。"才女气质充盈的张爱玲自尊而敏感,因为弟弟的嘴馋,她对松子糖的记忆连带着恼羞成怒的感觉,以至于说出:"我弟弟实在不争气,因为多病,必须扣着吃,因此非常的馋,看见人嘴里动着便叫人张开嘴让他看看嘴里可有什么。"

1995年,晚年幽居的张爱玲因为心血管病,在美国加利福尼亚州洛杉矶市西木区罗彻斯特大道的公寓辞世,享年74岁。大洋彼岸、身在祖国的张子静,在难过之余写下《我的姐姐》一文纪念,其中称:"张爱玲笔下那个'很美'而'没志气'的弟弟,就是我……很美的我,已经年老;'没志气'的我,庸碌大半生,仍是一个凡夫。父母生我们姐弟二人,如今只余我残存人世了。"无论"松子糖"中含着怎样的责骂和取笑,消散不去的,是血浓于水的亲情。

张中行人生低潮期的美食依恋

1935年夏,张中行经胡适推荐,来到天津南开中学当老师。

对于毕业后找到的这第一份工作,张中行曾自嘲自己是补漏的,并这样坦言就业过程:"直到8月上半,天津南开中学缺国文教师,让学校推荐,也许只有我还在待价而沽,就介绍我去。以卖货为喻,这不是主顾挑的,是柜台上剩的。"张中行虽然是开玩笑,但他所述的背景基本属实。据著名历史学家、天津市文史研究馆前馆员,1922年2月出生、1935年前后在天津南开中学读书的李世瑜回忆:1935年,南开中学的国文老师巩思文因在上课时把

张中行北大毕业证照片

夏丏尊读成夏丐尊,受到学生的挑剔,和学生发生争执,被学生们在黑板上大书特书了"斯('思')文扫地"几个大字,事情闹大后,巩思文被开除。张中行毕业找工作的空档,正好赶上南开中学缺国文老师,于是,他来到南开中学,接替了巩思文的职位。

1935年8月16日,吃完早饭,张中行在北平前门东车站乘坐平津快车来到天津,在亲戚的帮助下,来到南开办理完手续,入住位于南院西楼的教职工宿舍。宿舍条件简陋,"光线不好,白日也要借助电灯"。授课任务不轻松,他同时要给高中一个班和初中两个班上国文课,"一班一周以六课时计,每天平均要上三堂课,口讲指画,还要改两周一次的作文"。

张中行将夫妻关系分为四种:一种是"可意",一种是"可过",一种是

"可忍"，一种是"不可忍"。1935年至1936年间的张中行，和与他在1931年相爱的妻子、后来成为女作家的杨沫，彼此都到了"忍无可忍，无需再忍"的阶段，直接原因是杨沫的移情别恋。被张中行托人安排到香河老家教小学的杨沫，爱上了革命青年马五江。虽然二人此时并没有发生过界的事儿，但杨沫显然已经心理出轨了，杨沫在回忆文章中曾坦然承认"这时我和马五江已经有了感情"。张中行在追述这一段时，也蜻蜓点水地说："1936年早春，她在香河，我在天津，收到也在香河教小学的刘君一封信，说杨与在那里暂住的马君来往过于密切，如果我还想保全这个小家庭，最好是把杨接到天津去。"

人是接回来了，但从此有了隔阂。杨沫倾向革命，想做自力更生的新女性。张中行则比较低调保守，他更愿意妻子是个贤妻良母。价值观冲突，杨沫忘不了"高高的个子，宽宽的肩膀，大大的眼睛，五官端正，神态安详"，和她一见如故的马五江。张中行也受不了杨马二人的秘密传书和暗送秋波，在偶然看到马五江写给杨沫的信后，他"不禁大怒，一脚踢翻了屋中火炉上的蒸锅，弄得满屋满地滚着馒头，水漫金山"。双方都很痛苦，1936年他们分手了。

在天津教书的一年，是张中行人生的低潮期，在遭遇感情背叛的沉

民国时期天祥市场附近街景

重打击下,他很颓废,但也学会了苦中作乐,以至于在天津吃过的美食也成为他一生难忘的记忆。

狗不理包子、耳朵眼炸糕、十八街大麻花,这些在今天耳熟能详的天津名吃,在张中行的文字间没有太多痕迹。但他忘不了来天津的第一天,表叔刘玉田请他上天津东北角小饭馆吃的第一道菜炒虾仁,他说"因为天津水产丰富,都用活虾,所以色香味俱佳,价同于张先生豆腐,一角六分",之后再在饭桌上见到炒虾仁,总是先入为主,觉得"味道颇不佳"。他忘不了天祥市场后门山西面馆的刀削面,逛完天祥市场楼上的旧书摊,吃两碗物美价廉的刀削面就是极大的享受,当然振发德十八个褶的包子他也吃过,但是"感到过于油腻,不如吃刀削面清爽"。他忘不了法租界小饭馆新伴斋的肉末烧饼,每次到天津,总要和好友一起去吃,而且"常常不止一次"。张中行认为,新伴斋的"肉末烧饼"和北京北海北岸由晚清御膳房厨师掌勺的"老仿膳"有的一拼。他尤其忘不了遍布大街小巷早点铺的浆子豆腐。

在张中行眼中,天津的早点豆浆举世无双。他说"想起旧日的天津,晨起,走入任何一家豆腐房都可以,入门落座,有林下风的要浆子,有饕餮癖的要浆子豆腐(豆浆中兼有豆腐脑),盛来,都洁白如雪,浓厚得像是热稍退就凝固"。每次进入豆浆房,他都会怀着佳筵难再的心情,对心仪的浆子豆腐大喝特喝。在他眼中,天津浆子豆腐的味道,鲜美得"非笔墨所能形容","浓到稍放一会儿就可以从表面挑起一层皮。在喝豆浆的时候,他常常佐以天津又一特色早点名食——豆皮卷果子(油条)。

天津是张中行的伤心地,所以每每想起天津,首先浮上他心头的,"是豆腐脑,而不是天津的人情"。

袁世凯家室喜喝白兰地

清末民初,洋酒受到时髦人士的喜爱,喝洋酒被视为讲时尚和有品位。

在开风气之先的北方口岸城市天津,洋酒作为进口货物中的大宗商品,源源不断地涌入。西风东渐浪潮下,以水果为原料,经过发酵、蒸馏、贮藏后酿造而成的白兰地,也成为向往西方生活方式的人们,餐间小饮的精彩内容。白兰地在天津不仅是西菜馆、酒吧、咖啡馆必备的酒水,在中式饭店中也时常受到顾客的青睐,甚至于一些富裕之家,常年自备白兰地,随时享用。

清末民初,天津人喝的白兰地分土生土长本地产和漂洋过海舶来品

1925年的杨氏与儿孙们摄于袁家大院

两种。达官显贵中意的是美国的白马牌白兰地、高月牌白兰地以及英国的三星斧头牌白兰地。袁世凯的五姨太杨氏就是一位忠实的白兰地爱好者。

杨氏是天津宜兴埠人，虽然出身于小户人家，人长得也不算漂亮，却靠着一双缠得很小的"三寸金莲"，博得了袁大人的欢心。她口巧心细、遇事果断，很具有管家才能。袁世凯将袁家的女佣丫鬟委托她管理，还将一切吃穿用度都交由她打理。由于她的管理很符合袁世凯的心意，袁对她言听计从，甚至授予她收藏保管贵重财物的大权。五姨太杨氏的得宠，是袁世凯的亲信和家人所共知的事实。袁世凯的三女儿袁静雪，是袁世凯和从朝鲜娶进门的三姨太金氏所生。金氏和杨氏是一对冤家，二人曾有过一言不合就大打出手的当面交锋。提及袁家的家庭关系，袁静雪也承认说："五姨太太是我父亲当时最宠爱的人。"

杨氏性格豪爽，生活作风西化，喝酒抽烟这些传统中男人才能干的事儿，在她都不是问题，她很愿意尝试一番。她对进口的白兰地名酒情有独钟，法国的干邑和雅文邑，西班牙的赫雷斯，意大利的格拉帕，智利、秘鲁的皮斯科等世界知名白兰地品牌，都在她的收藏啜饮之列。这也给想要巴结讨好袁世凯的人提供了机会。官至江苏督军、因位列"直系长江三督"之一而名震一时的李纯，最初就是摸准杨氏这一嗜好，通过购买白兰地名酒贿赂杨氏，得以接近袁世凯而上位。李纯当江苏督军时的督署副官会计窦守铺，曾和在李纯手下任书记长、军需等职的苏雨眉，联名写过一篇回忆李纯的文章，其中就写道："杨氏酷嗜进口白兰地名酒，李经常购赠，三节两寿人到礼到，杨氏甚喜之，由此内

天津德发祥的船牌白兰地商标

援遂见重于袁并与袁克定深相结纳。"

　　文化多元的近代天津,喜欢白兰地的不止杨氏一个,喝白兰地的也不局限于达官显贵和富户豪门。白兰地的流行,带动了行情,天津本地产的白兰地也以价格优势在市场上流行,走入市民生活。据天津市档案馆馆藏档案显示,天津柏利行的骑士牌白兰地、德发祥的船牌白兰地、增广和的红狮球牌白兰地、新美洋酒汽水工业社的金狮马牌白兰地、仁义公酒厂的红三星杯牌白兰地、利达酒厂的金双鸟牌樱桃白兰地、天益酒厂的楼牌白兰地等形形色色的洋酒品类,都曾在当时以醇美厚实的口味,丰富过人们舌尖上的美妙体验。

摩登潮流"范儿"

包天笑的丝袜记忆

张恨水在《啼笑因缘》中描写陶太太,身着"白色的长丝袜,紧裹着大腿,脚上穿着一双银灰缎子的跳舞鞋";描写狼狈中的沈凤喜,"一只脚穿了鞋,一只脚是光穿了丝袜"。丝袜勾勒身材、凉爽透气、搭配方便,在清末民初开始受到许多时尚女性的欢迎。

在中国,丝袜最初是在男性中开始流行起来的。小说家包天笑回忆过一位20世纪初年居住在天津的落魄文人,说:"他有一个小公馆,有一天,我们到他房里去,却见满地都是黑丝袜。枕头边也是,褥子里也是,座椅上也是,连茶几上也是。原来他从来不洗,穿得不能穿了,换来一双新的,把旧的臭袜到处乱塞。那时的丝袜,价也不甚贵,每双在时值一元以上,然也比布袜贵得多了。"

包天笑

光绪末年,丝袜随同来华外国人一同进入中国。在开风气之先的天津,欧美男性用于搭配西裤的家常服饰丝袜,进入人们的生活。在天津洋行里工作的年轻中国小伙,俗称"洋行小鬼",以说外国话、打扮成外国人的样子为时尚。"近水楼台先得月",丝袜首先穿在了这些新派人物的脚上。义和团运动中,穿丝袜被"拳民"们判定为生活"洋化"的标志,年轻男士穿丝袜的脚以及脚上的那双丝袜,会遭到一通连砍带撕的袭击。包天笑说:"庚子那一年,喊着'扶清灭洋'的拳变忽起,他们可遭难了。义和团最恨那班小伙子,一见他们穿了丝袜,便呼他们为'二毛子'(拳民呼洋人为'大毛子',呼这班'二毛子'),用刀直砍他的脚背,苦苦哀求,撕破他所穿的丝袜乃已。"

辛亥革命后,随着小衫、旗袍、洋装、高跟鞋等女性服饰,以及西服、皮鞋等男性服饰的流行,丝袜再度成为男女服饰领域的新宠。1926年,

丝袜广告

总店位于北京王府井大街的利新茧绸花边庄,借势新出刊的天津《北洋画报》,大打特打新款长筒丝袜广告。其中,"最高男女丝袜,色泽、坚固、光彩,允推第一"的广告语霸气而富有感染力。广告图中,羞于露出面容的丽人穿着过膝裙,脚踩高跟鞋,腿上穿着的朦胧高筒丝袜,将裙和鞋之间的这段距离衬托得恰到好处,和新式服装一起搭配,没有丝毫违和感。

女性观念日益开放,丝袜的长度也逐渐变短。1929年8月3日的《北洋画报》上,一位名周郎的社会观察员基于一段时间的细致观察,刊文称:"目下各交际场,所习见诸旅津名媛,所着之袜,多数已由'长达膝',而减短至短及腕,一兴百效。"20世纪20年代中后期,天津时髦女性所着丝袜,有长筒袜、中筒袜、短袜等款式。到了20世纪30年代,随着新材料——聚酰胺(尼龙)的发明及推广使用,透明轻薄的尼龙丝袜风靡全球。1932年底,天津特一区中街专售洋货的黛藜公司的橱柜中,出现了巴黎1933年春季新品——网眼丝袜(又名网织丝袜)的身影。这种性感丝袜,在南方的十里洋场上海,都是十分罕

民国年间坐在床上拍照的丝袜美女

见的,因而博得了极大关注。

美国华盛顿时报专栏记者埃蒙斯·希尔在其传记文学作品中,这样形容尼龙丝袜的性感:"这种像蛛丝一样细,像钢丝一样强,像绢丝一样美的东西吸引了女人的眼睛,勾住了全世界男人的心。"女性着丝袜太性感,引起一些有社会责任感人士的隐忧。1930年,上海发生一起因汽车司机看女乘客腿上丝袜而肇事的交通事故,天津《北洋画报》刊文,为丝袜正名,其中说:"夫丝袜,岂足以引起人们之视线,人们之所注意

民国大街上穿旗袍着丝袜的美女

者,固不在丝袜,而在将丝袜撑得紧绷绷的两条小腿耳。不然者,洋货铺里丝袜山积,何仍一唱再唱话匣子而不歇耶?"

民国年间,丝袜搭校裙是女生的标配。随着丝袜的普及,天津的女学生们为丝袜拓展了另一种用途,即钱包。1931年6月,由于天气炎热,天津各学校的摩登少女们,早上穿着单裤出门,裤上不缝衣袋,手里也不拿皮包。他们将随身携带的零花钱,塞到长筒袜袜管的上端,再用松紧绑腿带把塞钱的部位捆住。需要花钱时,顺手从腿部一抄,随取随用。

褚玉璞禁止女子剪短发遭抵触

1926年10月1日,直隶保安总司令兼省长褚玉璞通过权威媒体天津《大公报》,向社会公布了名震一时的《勒令女子剪发令》。其中称:"本总司令兼省长,维持风化,义不容辞,为此肃申禁令,革除弊俗。凡属妇女,一律不准剪发。经此次谕禁之后,务期家庭之间,互相告诫。已剪者仍须蓄养,未剪者勿再效尤。"又令教育厅通知各大中小院校,"不得延聘剪发女教员",不得招收剪发女生。这道政令的中心思想很明确:一是禁止女士剪短发;二是剥夺剪短发女人的受教育权和就业机会。

1887年出生的山东人褚玉璞是土匪起家,1913年8月率数百土匪投靠军阀张宗昌后发迹。1926年,任直鲁联军第1军副军长兼前敌总指挥的褚玉璞,击败冯玉祥的国民军,被任命为直隶军务督办兼直隶省省长。褚玉璞上任省长的1926年,和女子短发在天津风靡的年份,恰好重合。

早在1920年春天,受五四运动妇女解放思潮影响,"快剪!快剪!快快剪!……不如爽爽快快地剪去了头发,可以不用梳洗"等号召妇女剪发的呼

省政府禁止妇女剪发,业已三令五申,然而不剪者仍一见其尤多,不但公然出入,特别剪发及河北,即在不见被捕之区,尤其蓬心,时髦女子,每日往来,从前未剪即修其发,拘者……捕起凡士数林点,其门首设有巡警岗位,往截未剪即修其发拘者……日见其奇,著者之所过,日在不见特别被禁剪发女子也。

报纸上关于直隶女子剪发屡禁不止的报道

褚玉璞

94

声,就在天津媒体响起。短发在当时代表着一种新女性的精神风貌,是最大胆的前卫时尚。林徽因、冰心等中国女杰翘楚,大都以清爽干练的短发示人。一些身在天津的进步女青年,如邓颖超、郭隆真、刘清扬、许广平等,也是清一色的短发。

1926年秋冬,随着柯琳慕尔、李特尼斯乔、贾克哥根、爱莲、多福等多名美国当红电影明星的短发造型上了大银幕,进入天津公众的视野,剪短发便在广大天津妇女的热捧中,成为一时风尚。明星是时尚的领潮儿,本年10月,天津媒体刊出消息,介绍了上海女明星黎明辉、王汉伦、杨耐梅、傅绿痕、宣景琳、严月闲、顾宝莲、陆美玲和天津女明星张梅丽、高丽影、李丽丽、黄春梅剪短发的时尚。

褚玉璞不是和短发过不去,而是和革命思潮过不去。20世纪20年代,红色思想在爱国青年学生中成为浪潮,进步力量纷纷来到天津开展革命活动,清爽而又彰显自信的短发是革命女青年的标志性特征。阻止剪短发成了褚玉璞反对革命的手段。一份北京政府时期的档案中记载道:"本埠为北洋门户,轮轨四通,华洋杂处,租借毗连,溷迹最易。诚恐赤逆党徒潜行来津,制造空气","津埠租借久为谈逆渊薮,东马路青年会及南开学校亦有密染赤化者"。由此而知,褚玉璞的女子剪发令主要是为了对付举兵反对北洋政府的政敌——国民革命军而出台的。

在官方文件中,褚玉璞用"荡逾检闲""标新无识""靦然无耻""不知自爱""甘比下流"等极具人身攻击的词汇,显现了封闭保守的偏见。这一命令违背民意,一经发布,就引发了大规模的抵触。时髦而又个性的女士无所顾忌,继续走向如雨后春笋般崛起于天津大街小

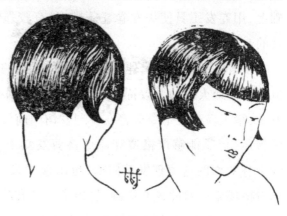

1926年新式女子短发发式

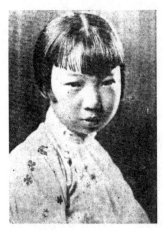
李赞侯的孙女李定玉的短发照

巷的新式理发馆,除了天津电影明星黄春梅在禁令颁布后依然我行我素,剪了短发外。1925年来到天津,后签约渤海影片公司发展,在华北电影市场崭露头角的四川籍电影明星王瘘恨也以一袭清爽的短发新造型惊艳了一把。北洋政府前财政总长李赞侯的大女儿李绮云和他的孙女李定玉,首先用当时最流行的美国式齐耳一字青梅穗的"鲍勃头"(bobbed-hair)在媒体亮相。美女们各行其是的行为让下发指令的人很是尴尬却又无可奈何。

20世纪30年代前后,在被海风洋味儿席卷、开风气之先的现代都市天津,女性所留的短发发型大体分为三种:一种是齐耳的中长短发,这种短发主要受到日式短发的影响,有前刘海的,也有侧刘海的,是最为普遍的样式,受到新式学堂女学生及女性知识分子的普遍欢迎;一种是超短发,一般不留刘海,梁实秋曾对这种短发做了贴切的描述:"光溜溜的往后一梳",这种短发主要受到风靡美国的"Boyish Bob"头的影响,时人称其为华盛顿头或拿破仑头,喜欢她的女性多是较有个性的时髦女性;还有一种是短卷发,这种短发就是在中长短发或超短发剪裁的基础上,用卷发工具使头发卷翘蓬松,具有较强的欧美特征,受到洋派女性的欢迎。

在大家闺秀和明星佳丽的示范下,天津的理发馆生意兴隆,美女客流不断。最火爆的要数特一区起士林西餐厅对面的理发馆。为推行剪发令,褚玉璞甚至下令巡警在各理发馆门前设置点位,对剪短发行为给予警示,但是能够严格遵守命令将剪发女子逮捕拘留的警察并不多。起士林对面的这家理发馆门前,也出现了只见巡警值守不见有人执法的滑稽场景。对此,《北洋画报》报道称:"省政府禁止妇女剪发,业已三令五申,然剪者仍日见其多,不但公然出入特别区及河北而不见被捕,其尤奇者,为时髦女子剪发之所,即在特别一区起士林点心铺之对过,每日前往截发修发者,不知凡几,其门首设有巡捕岗位,从未闻其拘禁剪发女子也。"

褚玉璞的命令不切实际,也遭到了学者的批评。梁实秋就此事专门撰文一篇,表明观点称:"女子剪发,小事一端,与国家大计不生影响,与社会道德更无关系。但是近来剪发问题,甚嚣尘上,有褚玉璞那样糊里糊涂的禁止,于是就有上海人士这样如醉如狂的提倡。"上海是时尚之都,褚玉璞的荒唐命令,对干净、卫生而又方便的短发流行,起到了反向推波助澜的作用,"乌丝剪去留三寸",成为中国街头一道常驻的风景。

利奥保禄带来巴黎钻石珠宝

20世纪二三十年代,法国商人利奥保禄是深受贵妇名媛欢迎的人物,他从时尚之都巴黎带回的钻石首饰,曾是站在潮流前列的摩登女性梦寐以求的奢侈品。

1930年从法国购买珠宝返回天津的利奥保禄

利奥保禄,英文名"Mr.Marcel Leopold",中文名李亚溥。他本来是一名法国籍犹太人,1925年,托人花钱买到一纸瑞士护照从俄国海参崴(符拉迪沃斯托克)辗转来到天津,所以后世也有人说他是白俄商人。当时,瑞士在天津尚未设立领事馆,代办领事事物的瑞商利丰洋行认定他为瑞士侨民。来天津时,利奥保禄年方26岁,由于头脑灵活,他很快在法商开办的利喊洋行谋得一份差事。

清末民初,在开埠通商的带动下,富人越来越多地入住天津,天津的珠宝首饰业也迎来了鼎盛时代。除北门里的三义金店、天兴德金店、宫北大街的敦昌银楼、宫南大街的益兴银楼、天后宫庙内的永兴承银楼、估衣街的物华银楼这些年头较早的传统老店外,恒利金店、华昌金店、同丰金店、世华金店、天宝金店、三阳金店、同义金店、天增合首饰店、春发首饰店等新式珠宝名店也相继出现。甚至于连亨达利、增茂、乌利文这些老牌外国洋行,也瞄上了珠宝买卖的生意。天津成了华北地区最大的珠宝销售市场。

为抢占市场,各商家屡出奇招,报纸上的广告铺天盖地。1926年7月,天宝金店打出广告称:"金银首饰,成色包管十足;珠宝钻石,定价格外克己;珍贵礼品,装潢雅种类全;接待惟诚,花样特出新奇",用信誉、价格、品种、服务以为宣传。在与中国传统金店的较量中,外国洋行丝毫不敢懈怠,在创新中打出新颖牌和特色牌。利奥保禄最初供职的利喊洋行则主要以铂金、钻石的经营为主打。1929年11月,位于天津英租界中街花园对面,在北平王府井大街也有店面的法商利喊洋行,在《北洋画报》打广告称:"收买上等钻石","真金打时刻分马表""白金表""加金银钢打问表""钻石表"等业务。

1926年的天宝金店广告

利奥保禄在利喊洋行负责的是兜售珠宝翠钻的跑外业务,经常出入租界地的大公馆,向富贵的上层人物兜售珠宝。在和贵妇名媛打交道的过程中,在美女富太太们"巧笑倩兮""美目盼兮"的眼波流转中,他摸清了这群高端客户的喜好。利奥保禄了解到她们对欧美最时兴的新颖首饰充满期待,因此便经常赴巴黎,采购订制一些最流行的饰品,带回天津销售,一来二去便博得了"珠宝专家"的美誉。自1927年起,利奥保禄开始自立门户,先后创办"利华洋行""利华放款公司""利华(小额)人寿保险公司"等产业,在经营过程中,他始终不改珠宝销售的初衷。1928年11月,"利华放款公司"在《北洋画报》刊出开张预告,称:"本埠法国名商人莱欧保禄氏,为珠宝专家,识验宏富,现在法中街中法工商银行二楼,开设利华放款公司,专办珠宝押款,下月初可以开幕。"开业之初,利奥保禄首创天津"客室交易"的珠宝肆,在英租界中街汇丰大楼三楼开设珠宝展厅,陈列璀璨精奇的钢钻首饰,价值二百万法郎的首饰很快售卖一空。

1929年利奥保禄所开利华公司的钻戒广告

1930年冬,生意做得一帆风顺的利奥保禄再赴巴黎。这一次,他根据中国贵妇名媛的喜好,抓住当时"崇尚埃及以及东方图案""以堆砌宏富为主"的全球时尚潮流,提前设计了富有中国传统特色的样式图纸,交由巴黎著名珠宝制造商珮露丝(Perose)厂生产。首饰到达天津后,引起极大轰动。12月11日,天津《北洋画报》专门开设"珠宝专页",辟出一版刊登利华公司展出的法国最新款首饰。这是一次昂贵钻石的时尚大秀,覆盖手腕的三片串联式方形钻石手镯富丽堂皇,勋章式寿字形胸花华贵端庄,方便实用的衣襟夹精致特别,珍珠和钻石间错落排列的珠钻合制胸针典雅大方,"三凤朝阳"图案的胸花颇具古风,珠钻合制的襟花新颖古典。至于橱窗中那一件件椭圆形、长条形、圆形、方形、大小不一的钻戒,也在光芒四射中差点亮瞎不少天津贵妇人的眼。所有钻石首饰中,最有创新性的是衣襟夹,这是利奥保禄受中国妇女穿斜襟衣服的启发首次推出的,除了夹衣襟,还可以装饰在呢帽、手套、袖口上。应该说,这是利奥保禄将中国传统符号元素融入珠宝设计的一次成功尝试。

在引领天津珠宝潮流的过程中,利奥保禄发家致富。1936年,他在英租界中街(今解放北路),建成了天津最早具有现代化功能的高层建筑,与和平路上的渤海大楼、中原公司大楼(今百货大楼)一起,构筑了三大高楼并列天津的一大景观。

鲁迅出差购买皮鞋领结

鲁迅与天津这座城市很有缘分,他一生曾九次到津,多数是车船路过,偶尔停宿休息。唯一一次以天津为目的地的行程,是在1912年6月10日。这一次,他游览了天津繁华的租界区,并在洋行中购买了时兴的皮鞋和领结。

《鲁迅日记》1912年5月5日写道: "五月五日,上午十一时舟抵天津。下午三时半车发,途中弥望黄土,间有草色,无可观览。"本年春天,蔡元培担任教育总长的中华民国临时政府教育部招兵买马。鲁迅经好友许寿裳介绍,到教育部就职。后因教育部迁北京,鲁迅随迁北京。

蔡元培大力提倡"美育"。鲁迅在美学和美育研究方面富有心得,便被蔡元培任命为社会教育司第一科的科长。社会教育司是民初教育系统全新的部门,主要

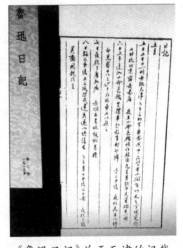

《鲁迅日记》关于天津的记载

负责社会文化工作。演剧是鲁迅所在的第一科主管的重要工作。6月10日,鲁迅和同事好友,任职于社会教育司第三科的科员齐宗颐一起,坐火车到天津出差,考察在全国首屈一指的天津新剧发展。

他们先在齐宗颐的族人家穆家安顿下来,晚上便去了位于南市荣业大街的广和楼(又叫广和舞台)看新剧。无奈天公不作美,赶上了阴天,观众来得少,演出被取消了。兴致未减的齐鲁二人,又来到离广和楼不远的丹桂茶园看了一出旧剧。6月11日上午,齐宗颐带鲁迅去逛街,考

鲁迅与齐宗颐(蹲坐者为鲁迅)

虑到鲁迅有日本留学经历,就带着他去日租界领略市容市貌。天津日租界是当时中国五个日租界中最大最繁华的。1932年以前,寓居天津的名人中,以住在日租界的最多。繁华的商业氛围,让这里汇集了许多售卖时髦物品的店铺。

从鲁迅写的文章中可以读出,他讨厌假洋鬼子,对留学西洋的洋绅士有一种本能的反感。他曾讽刺某些学者教授,西装里裹着的至少是无聊的灵魂。他也不喜欢穿洋服的摩登女郎。作家萧红和鲁迅、许广平夫妇交情深厚,据萧红回忆,有一次,鲁迅在茶座里看到一位"身穿紫裙子黄衣裳,头戴花帽子"的年轻女士,很生气地用眼瞪了这位女士半天。20世纪20年代中期以后,他常常以一袭长袍、一双布鞋示人,俨然是一个传统文化的拥护者。萧红口中鲁迅的经典穿着是:"不戴手套,不围围巾,冬天穿着黑土蓝的棉布袍子,头上戴着灰色毡帽,脚穿黑帆布胶皮底鞋"。朴素的衣着和坚持己见的固执,容易给人留下鲁迅是个不通时尚的"老顽固"形象。

实际上,在民初教育部任职期间,鲁迅刚开始是喜欢西洋服饰的。早在1904年9月入读日本仙台专门学校时期,学校里穿西装、打领结、正儿八经上课的日本教员,就给鲁迅上了服饰时尚的第一课。在鲁迅的印象中,值得尊重的解剖学教授藤野源九郎,由于过于专心学术研究,不十分注重仪表,"穿衣服太模糊了,有时竟会忘记戴领结",鲁迅经常看到他上课时不戴领结,心时觉得他穿着不够认真。在日本留学期间,鲁迅"入乡随俗"地穿起了日本学生的西式制服。

1909年归国之初,他的着装风格基本上还是西装革履。在他早期任职的杭州、浙江两级师范学堂和绍兴中学堂,他常常穿一件从日本带回来的秋冬季西式半大衣。据当时在绍兴中学堂读书的学生吴耕民回忆:

辛亥革命前,许多教员脑后都拖着长长的辫子,穿着长袍马褂,吸着用短烟管或水烟筒装着的烟,踱着方步来给学生上课。学生们对这一现象司空见惯,丝毫不觉得有"老气横秋"之感。到1910年下半年鲁迅到校担任教员兼监学时,"正如鸡群仙鹤,与众完全不同,一望而知其为非寻常人也,引起了同学们的注意与景仰。"

当时的鲁迅,只有29岁。吴耕民说他"身体甚康健,面白发黑,留有小胡子,无辫子","西装革履,头戴礼帽,手持洋杖,走路得得有声"。其中的"得得"声,是鲁迅脚上穿着的皮鞋弄出的"噪音"。通过西式服装张扬了个性、新文化、新思想的鲁迅,很快成为学堂的进步标识。

来津期间,鲁迅随齐宗颐逛了日租界宫岛街有名的加藤洋行。这个洋行既售卖欧美最新进口单品,又售卖日本本土货物。洋行里有原汁原味、做工精致的日本商品,而简约实用、摩登非凡的西式商品则让他大开眼界。在加藤洋行,他买了一个颜色大方的领结和一双新皮鞋。在这一天的日记中,他精确地记下了两件洋货的价钱,即领结"六角五分","革履"即皮鞋,"五元四角"。

11日中午,齐鲁二人赴北马路的天乐园(又名大观园)看了一场旧剧,晚上终于如愿以偿,在广和楼欣赏到南开中学剧团新排练的话剧。12日,天津飘起小雨,鲁迅结束公差,返回北平。不久鲁迅便升职了,8月被任命为教育部佥事。

民国初年热闹繁华的天津日租界旭街

翁瑞午请涂志摩代买羊皮帽

1928年5月9日,徐志摩写信给爱妻陆小曼,请她转告二人共同的朋友翁瑞午,"他要俄国羊皮帽,那是天津盛锡福的,北京没有。我不去天津,且同样货有否不可必,有的贵到一二百元的,我暂时没有法子买。"

1957年翁瑞午与陆小曼

翁瑞午生于1899年,是清末广西梧州知府翁绥祺的二儿子。他幼承家学,擅长书画诗文,爱好唱戏,20世纪初年又随一指禅推拿流派创始人丁凤山,学会了运动体内之气治疗内科疾病的中医推拿绝技。20世纪20年代初他开始在上海开业行医,效果颇好,为人称道。行医之外,翁瑞午喜欢结交朋友,爱赶时髦。年纪轻轻,就开着汽车到处跑,是20世纪初年上海滩著名的公子文人。

1926年10月,已是新月派代表性诗人的徐志摩,与名闻北京社交界的美女陆小曼在北京结婚。婚后他们依徐父徐申如之命移居上海。陆小曼有严重的哮喘和胃病,疼起来呼天抢地,徐志摩为她请遍了名医都不见效。后经雕塑家江小鹣介绍,徐陆夫妇将翁瑞午请到家中。陆小曼几次昏厥,都是经翁瑞午救治而康复。研究和收藏"海上画派"的现代第一人、著名书画家陈定山在《春申旧闻》中记载:"陆小曼体弱……得了昏厥症。翁瑞午有一手推拿绝技，是丁凤山的嫡传，他为陆小曼推拿，真是手到病除。"

徐陆夫妇十分感激翁瑞午，加上在文学、书画和戏剧等方面有许多共同语言，便与翁成为好友。翁瑞午没有留过洋，但他结交的朋友很多都是在海外镀过一层金才回国的时髦人物。他思想活跃，追求新潮。徐志摩的侄子徐炎曾回忆说："翁瑞午是个玩家，此人极为健谈。"陆小曼的侄女庄篯也说他"做起事来充满朝气"。婚后的徐志摩为了多赚一点钱养家，经常往来于北平和上海之间，在多所机构任教谋职。在交际场中混得风生水起的翁瑞午，看上了当时流行的俄国羊皮帽，便托北上的徐志摩给他代买一顶。

20世纪初年，帽子是男女春、秋、冬三季的流行配饰。不论穿什么风格的衣服，需搭配一顶同样风格的帽子才算时尚。在男士中，尤其流行西式风格的皮帽子，包括博士帽、自由式礼帽等等。其中，又以大帽檐大捂耳的英式皮帽和高筒状土耳其皮帽最有特色。大官僚、大军阀为了彰显气派，喜欢能增加威武风度的欧式皮帽，而文人墨客则偏爱学者风的"土耳其帽子"。与魏绍昌、徐恭时、徐扶明并称上海红学四老的前北京大学教授邓云乡，曾这样回忆大学教授们戴土耳其皮帽时的气质："一是杨振声先生，冬天獭皮领子大衣，獭皮帽子，一派大学校长风度。二是俞平伯先生，冬天爱戴一顶黑紫羔的土耳其帽子，朴素中有儒雅风度。"因为材质成本高，优质皮帽子的价格也不菲。邓云乡说："一顶戴针海龙皮的火车头帽子，要卖五百块大银元。一顶水獭皮的也要卖上百块。自然普通人买不起，只能买一顶兔子皮、剪绒的戴戴了。"

在近代中国帽业中，北方时尚之都天津的帽子是叫得响的。盛锡福帽庄的"三帽"牌、同升和帽庄的"钟星"牌、寰球制帽厂的"人球"牌、冠美制帽股份有限公司的"天坛"牌、华兴制帽工厂的"三星"牌，都是人们耳熟能详的品牌。天津有句民谚："盛锡福的帽子，老美华的鞋，瑞蚨祥的货，没假的。"盛锡福的帽子在20世纪30年代前后是最具口碑的。盛锡福是1911年由商人刘锡三创始于天津的老字号。刘锡三善于钻研，刘

盛锡福帽庄的"三帽"牌商标

锡三次子刘洪杰,曾在回忆文章中多次述及他的父亲悉心研制出在国际市场上有竞争力的硬平顶式男士草帽,以及聘请白俄女人设计出颇受欢迎的新颖女式帽子。盛锡福制作的裘皮帽、毡帽、羊皮帽、时装帽、针织帽、草帽、便帽和儿童帽,都曾畅销一时。"头顶盛锡福"一度成为20世纪初高品质生活的象征。

到了20世纪20年代,盛锡福制作的皮帽开始闻名。盛锡福的皮帽,以狐、貂、貉、獭等动物皮毛为主打,选材非常考究,对毛的倒向、长短、粗细、密度、颜色、软硬都有严格要求。加上工序严谨、缝制精良,外形儒雅大方、做工考究精致、戴着轻便舒适的盛锡福皮帽,受到社会名流的欢迎。民国年间,盛锡福出品的许多帽子,最新款只有在天津才能买到,其中就包括翁瑞午看上的这种俄式皮帽子。那个年代的亲历者、曾任天津《新生晚报》总编辑的张道梁在回忆文章中说:"天津盛锡福帽庄制作的皮帽质量信誉度很高。20世纪30年代天津一度风行高桩的土耳其式皮帽。最高贵的水獭皮帽,只有殷实的富人买得起。"

身在上海的时髦公子翁瑞午,热衷上天津盛锡福的俄国羊皮帽,是天津帽子一度引领时尚潮流的印证。不巧,1928年5月3日,震惊中外的"济南惨案"发生,日军不断在山东、平津等地寻衅活动,天津局势紧张。徐志摩怀着"天津不知闹得怎样了"的顾虑和忐忑,没能满足翁瑞午的小心愿,买帽子一事,只能作罢。

孟小冬女扮男装

油光乌滑的中分头、稳架鼻梁的圆眼镜、剪裁得体的帅西装，是20世纪初年时髦男性的标准打扮。1928年1月21日，有一代"冬皇"雅誉的著名京剧坤生孟小冬，以这样一袭时尚男装照，登上了《北洋画报》的封面。这不仅代表了当时的一种风尚，也引起一些生活在平津的摩登姑娘争相效仿。

孟小冬女扮男装照

那个年代，孟小冬是中国妇女界的标杆，极受社会关注。孟小冬，1907年出生，小名若兰，9岁时，跟随舅父仇月祥学习孙（菊仙）派老生。初在南方登台磨练技艺，1924年她离沪北上，来到中国京剧艺术的中心北京。她以学习谭（谭鑫培）派唱腔一举成名，很快成为北京城南游艺园的台柱子。1926年后，她跟随戏班到天津演出了《南阳关》《乌龙院》《桑园会》《辕门斩子》《李陵碑》等。天津是清末民初的梨园风口，嗓音清润苍劲、眼波顾盼神飞、做功大方稳重的孟小冬，在这里打响了名气。

舞台上的孟小冬，突破了女性发声尖窄的性别局限，豪气洒脱的老生扮相，展现给人们"无脂粉气"的超凡脱俗。戏台下的孟小冬，则是一位长相秀雅、身材适度的漂亮姑娘。和许多年轻女孩一样，她也爱赶时髦。民国年间，拍旗装照在年轻人中流行起来。1926年8月，孟小冬穿着旗装在一处前清王府内留影，她双瞳剪水、举止端庄，怀里抱着的那只家养泰迪犬，不小心将她天性中的可爱和善良暴露出来。1927年，短发开始在北方女孩中风靡,额前的刘海也被年轻姑娘们钟爱。这一年春天,孟小冬也学时髦女郎的样子,乌丝剪去留三寸,做了个时兴的一字式刘海短发。这个发型是当时的女学生和都市中未婚少女的最爱。齐于额头的一字型刘海、止于耳垂的短发、很随意贴在脸上的发梢,不经意就将她活泼俏丽的朝气和邻家女孩气质勾勒出来。从传世照片可以看出,无论是她的女性戏装照、旗装照,还是短发照,都有一种不落红尘烟火色的清新靓丽。

孟小冬女扮男装照

从1927年起,孟小冬开始尝试穿男装了。这一年的春天,她戴着时兴的男士礼帽、穿着长袍的小照登上了《北洋画报》,是为北方妇女着装的标新立异之举。1928年3月,她又以一张戴眼镜的西装照登上了《北洋画报》的封面。20世纪30年代前后,圆形镜框的夹金玳瑁博士架或夹金玳瑁自由架,是"近视眼"们最时尚的选择。孟小冬所戴的这款眼镜就是具有标志性的夹金玳瑁博士镜。这两身时尚男装秀,着实让人们感受了一把女性着男装的韵味和风采。

孟小冬走红后,流言蜚语多了。有人造谣,有政界要人看中了她,吓得她连戏也不敢抛头露面去唱了。还有人说,她被一个阔佬包养,住在天津的一所公馆里,有小白脸汽车夫专门开车带她到处去玩。事实很快证明,这些消息都是子虚乌有。实际上,早在1926年下半年,分别在梁燕荪和王克敏家举行的两场堂会上,孟小冬因与梅兰芳同台合演《四郎探母》和《游龙戏凤》,进行男女角色反串,二人产生爱情。这份假戏真做的感情轰动剧坛,成为佳话。1927年,经著名银行家冯耿光证婚,梅兰芳迎娶了孟小冬。两人住在北京东城东四牌楼九条。

婚后的孟小冬并不幸福。不同于寻常人家的女孩,她的性格倔强孤傲,气质外柔内刚。当时梅兰芳已有王明华、福芝芳两位妻子。王明华性格温和却是重病在身,福芝芳性格强势。在这场爱情争夺中,孟小冬落了下风。梅兰芳让孟小冬隐息在家,给她买唱片、手摇留声机,请人给她补文化课,为她添置书桌、笔墨纸砚、大小字帖等供她消遣。梅兰芳在感情问题上的犹疑摇摆,让她失望。1928年春,天津报纸上传出了消息:"梅兰芳此次来津出演中原,仍寓利顺德饭店。但挈其妾福芝芳同行,则系初次。福已截发。"梅兰芳出门表演很少带家属,孟小冬心中的酸楚可想而知。本年夏,孟小冬通过天津《大公报》和《北洋画报》披露了其即将复出、重登京剧舞台的消息。

在京剧界流行一句行话——"千斤道白四两唱",说明嗓音很重要。孟小冬饰演的是老生,她的唱腔虽佳,但还是存在一些天生的软肋。京剧的老生一行,需要说、唱、做、念样样精。光会说、唱还不够,还要靠把功夫。一些行业人士因她的女性身份,并不看好她。据与民国剧界人物多有交往的商人童轩荪说,孟小冬虽然被推崇为余派老生的代表人物,但"究竟她是女人,不曾坐科,谈不上靠把功夫和武工底子"。一个经营剧场的人曾告诉童轩荪,孟小冬的戏目不多,很难加戏或变换戏码,健康也常有问题,有时不能把握档期。面对外界的议论和偏见,孟小冬为了事业发展,需要女扮男装来寻求一种追求平等和解放的认同感。

孟小冬和梅兰芳一样,都是以反串著称的京剧名角,其中梅兰芳以男性扮女性,是最红的旦角,而孟小冬则以女性扮男性,是最红的生角。之前孟小冬在其端上舞台的作品,如《四郎探母》《梅龙镇》《二进宫》《捉放曹》《搜孤救孤》中,都以厚重端严的唱腔和威武神气的扮相,给观众留下了巾帼不让须眉的深刻印象。孟小冬的男装照很受女同胞欢迎。在她

1928年9月,天津《北洋画报》刊出孟小冬来天津演剧的消息

109

之后,不仅马艳云等剧界名伶通过媒体刊出了自己的男装照,天津一些思想开放的名媛侍女、得风气之先且"敢为天下先"的女子,也争相效仿。到照相馆拍摩登"易装照",或者直接穿着男性服饰出入街巷,成为天津的一道风景。

1928年9月,孟小冬来天津,在春和大戏院登台,连演三晚,轰动津门。前往一睹风采的观众中,除了中国人,还有很多外国人。这是她复出后到天津的首场演出。为庆祝演出成功,朋友们在著名军火商雍剑秋开办的西湖别墅为她设宴。这一次的天津之行,孟小冬全程男装,媒体盛赞"不敷脂粉,落落大方"。

张之洞孙女参加时装秀

1936年底,在天津西湖饭店举办的"天津妇女慈善游艺会"时装秀上,身着抹袖乳白色旗袍的张厚文抢足了镜头。

本年,天津市进步女性为赈济受灾同胞,准备在天津西湖饭店举办一场活动,为灾区同胞募集捐款,名称定为"天津妇女慈善游艺会",时装表演是其中的一个重要环节。主事人是津浦铁路局局长朱熙龄的妻子唐琬宜,她是天津社交圈的活跃分子,人脉广泛。经她邀请,张厚文来到天津,为这次时装表演壮势。

张厚文

张厚文出生于北京,是曾任清朝两江总督、湖广总督、军机大臣等要职的晚清重臣张之洞的孙女,早年接受新式教育,并赴美留学。20世纪30年代回国后,一度加入北平欧美同学会。她是知识女性的代表,有思想,性格开朗,当时已享有"北平京剧名票友"的美誉,同时也是以美貌著称的北平城名媛。

西湖饭店位于英租界马场道491号,是军火买办雍剑秋于1925年出资创办的一家高档餐厅,为了吸引客流,餐厅中时常举办一些别开生面的活动。1936年12月12日,策划许久、彩排多次的"天津妇女慈善游艺会"时装秀正式在西湖饭店上演。为实

身着旗袍参加"天津妇女慈善游艺会"的张厚文

现宾主尽欢,唐琬宜特意派人到北平订购了大批"仿膳"小馒头,慰劳来宾。受唐琬宜邀请,诸多在平津一带享有名气的贵妇名媛争相登台亮相,包括李惠真、徐承娟、周白蒂、李莲真、蔡芝馨、张美达、王遵娱、朱小采、朱尚柔、王文贞、蔡兰馨、陈秀曼、项亚男、岳筱梅、朱浣筠等。

这场演出俨然是一场旗袍秀,从《北洋画报》所刊参与该活动的贵妇名媛照片中可以看出,无论是主办人唐琬宜,还是张厚文,多数都穿着当时最时兴的无袖旗袍。贵妇名媛们的穿着代表了那个时代中国女性的着装风尚。

旗袍本是满族妇女的袍服,最初形制是宽袍大袖、双镶阔滚。20世纪20年代,受妇女解放思潮的影响,一些时髦女性基于穿着多样化的目的开始模仿满族妇女服饰,中国都市街头首次出现了着旗袍的摩登女郎。刚开始流行的旗袍宽大、平直、领袖襟裾、有宽阔的花边,无论从形制、用料还是做工,都呈现出传统保守的特征,正如张爱玲所言,是"严冷方正的,具有清教徒的风格"。到了20世纪30年代,旗袍的设计吸取了西方的审美趣味,长度逐渐缩短、腰身逐渐收紧、袖口逐渐缩小、滚边逐渐变窄,东方女性的曲线美和婉约美越来越多地得到展现。1936年开

张厚文(左一)与参加时装秀的女士们合影

112

始,无袖和硬高领旗袍开始从上海传入天津,并在摩登女士中风靡起来。1934年为追随丈夫来到天津租界生活的美国女子格蕾丝,在回忆中曾追述了年轻时在天津租界里看到的穿着旗袍的贵妇人:"那样的双下巴,是旗袍又高又硬的领子搞的。"领口逐渐提高到喉部,是当时天津各阶层女士流行的一种旗袍穿着艺术。

天津本地小说家刘云若在《春风回梦记》中,记载过一位曾经在天津花界博得头牌的人物郭大娘,称其退隐后:"身上穿一件紫素缎的旗袍,裁剪得细窄窄的可腰,走路真是一步一风流,称得起是动少年心、要老头命的一个半老佳人。"20世纪初年的天津,满大街都是这样的时尚人物,以至于早年竹枝词留下了这样的句子:"如风拂柳步妖娆,二月春风剪细腰。宝蓝旗袍松松髻,未笑先生三分娇。"

在西湖饭店贵妇名媛的旗袍秀场,个子高挑、面容秀美的张厚文穿着抹袖乳白色旗袍,特制的镂空蕾丝装饰呈三角状分布在领口下方两肩周围的区域,裙摆略微呈喇叭口状,两侧开衩到膝盖位置,开衩处各缀一朵乳白色的花儿,通身打扮既新颖又特别。这款旗袍是张厚文为参加"天津妇女慈善游艺会"时装表演特别定制的。除了一身展现婀娜风采的别致旗袍装格外引人注目外,多才多艺的她还穿着民族服饰表演了剑舞。张厚文载歌载舞、有声有色地演绎了霸王别姬,让她成了大红人。1936年12月,她两度成为《北洋画报》的封面女郎。

张自忠夫人康敏芳穿旗袍宴请外宾

1937年4月初,时任天津市市长张自忠的二夫人康敏芳,在天津法租界中国大戏院招待在津各国领事官和夫人观看京剧,介绍中国传统文化。席间,和一群洋装波浪卷、金发碧眼的外国太太相比,康敏芳绾着发髻,一袭过肘中袖高领深色花旗袍,既富有时尚感,又呈现出一种端庄典雅的气质。

康敏芳穿旗袍宴请侨津美国商会夫人团合影(前排左三为康敏芳)

1936年5月,时在国民党29军宋哲元部担任师长的张自忠受宋哲元调遣,走马上任天津市市长。20世纪初年,天津有英、法、美、日等国租界,各国为争夺势力范围相互勾结,又互有矛盾。平衡各方利益很难,既不能唯唯诺诺,也不能鲁莽从事。其中最难处理的,是和日本的关系。任天津市市长期间,处理外事工作牵扯了张自忠的大部分精力,而夫人外交也成了张自忠调和与在津各国关系的方式之一。

张自忠有四位夫人，大夫人李敏慧是山东临清县咨议局议员李化南之女。张自忠任天津市市长期间，李敏慧患上了子宫癌，于是二夫人康敏芳以市长夫人身份出现于各种公众场合，与各国驻津政要夫人礼尚往来。康敏芳是山东人，出身寒微，原

康敏芳在英租界私邸接见外交团夫人（左坐者为康敏芳）

是一名戏剧演员。聪明灵活，会打扮、会办事，善于交际，很受张自忠信任。张自忠任天津市市长期间的许多交际应酬和暗通情报工作，都交由这位康夫人办理。1937年新年期间，康敏芳以市长夫人的身份，在市政府花园大楼宴请驻津12国领事夫人。同年2月，她又在市政府设宴招待驻津各国司令官夫人，在英租界私邸接见了天津日本驻屯军桥本参谋长夫人和日本代理总领事官岸伟一夫人等。康敏芳和各国夫人交往的新闻和照片也时常刊登在《北洋画报》等诸多天津媒体上，她尽心竭力帮丈夫排忧解难的同时，可谓荣耀一时，风光无限。

整个20世纪三四十年代，旗袍都是中国都市女性公认的服饰领域的风格魔术师。张自忠的几位夫人和当年的许多贵妇名媛一样，都非常喜欢穿着这种既可以打造朴素大方的气质，也可以突显高贵典雅韵味的时尚服饰。30年代，是旗袍样式异军突起、各领风骚的时代，高耸入耳的硬领、低矮至胸的无领、长过手腕的袖子、短至露肘的袖子，衣裙扫地的长旗袍、短至遮臀的短旗袍，都被天津时髦女性所钟爱。康敏芳能够敏锐地捕捉时尚潮流，但是在穿着打扮上，她不像有些官夫人、姨太太那么张扬，而是严格遵守市长夫人的角色定位。出席各种公开场合，都以得体大方、剪裁相对保守的长旗袍，展现分寸感和传统审美。

法租界中国大戏院是著名商人孟少臣于1936年建成开张的一所高

级别现代化戏院,位于法租界天增里(今哈尔滨道124号)。1936年,张自忠的新一轮外交公关启动。为了更好地沟通中外友人,天津市政府将市长夫人为期四天的公关场合定在了中国大戏院。

从4月1日到4月4日,中国大戏院上演了四天经典剧目。根据天津《益世报》报道,在康敏芳的陪同下,多国驻津总领事的夫人等观看了这些演出,如4月1日,英国总领事雅斐乐和夫人观看了《托兆碰牌》;4月2日,日本岸伟一领事夫人、荻原彻领事夫人观看了《六月雪》和《问樵闹府》;4月3日,德国总领事史威廉夫人、丹麦总领事米勒夫人观看了《四郎探母》;4月4日,比利时总领事施爱斯夫人,比商电车公司总办哈萨夫人观看了《红鬃烈马》。康敏芳懂京剧,唱得一嗓子好戏。演出过程中,她不时向一同观看演出的外国友人,穿插几句介绍京剧艺术的讲解,外国友人也因这位市长夫人对传统文化的谙熟而顿生好感。

康敏芳在侨津外国要人中受到欢迎。5月初,侨津美国商会的太太们组团,到位于英租界(现成都道60号)的张自忠豪宅私邸拜访康敏芳。据媒体报道,这是侨津美商领袖夫人,首次拜访"张市长夫人"。同来的美国友人,都是商界权重级人物的太太,包括一些洋行股东的夫人,如英美烟草公司饶登夫人,美洲保险公司卜莱克夫人,美孚洋行股东的夫人如曼夫人、施木斯夫人、易克来夫人、万汗夫人、李雷夫人,大来洋行经理马克夫人、罗斯夫人,花旗银行行长葛瑞福夫人。看得出,身穿旗袍的康敏芳进行的夫人外交卓见成效。

康敏芳(右二)与比利时总领事施爱斯夫人(右三)、丹麦总领事米勒夫人(右一)、天津市政府第三科科长潘玉书合影

"南开女皇"顾如引领学生
支持国产毛线

1931年10月起,南开女中校园里开始了一场严格的服装检查。受检的服装不是校服,也不是奇装异服,而是女同学秋冬之际普遍穿着的毛衣。

毛衣曾是百年前的一种时尚记忆。20世纪二三十年代,受西式着装风格的影响,加上留学归国人士的带动,暖和而又修身的毛衣,成为敏感把握时尚的年轻人的必备选择。

20世纪30年代天津学校中流行的《织织歌》

在北方时尚都市天津,不论是经典菱形格子的麻灰色毛线马甲,还是深蓝色针织套袍毛线短裙,抑或是复古的宽松棒针毛线开衫,都被美女们在或清新简洁、或柔和温雅、或慵懒甜美的风格间轻松切换。当时天津各大校园中,流行一句顺口溜:"南开小姐,中西太太,圣功木头人。"南开女中的女学生以优雅、整洁、大方著称,她们是这股毛衣潮流不折不扣的忠实追赶者。

在国难当头的形势之下,连毛衣也带上了民族情感。当时的毛衣多是手织,受爱美之心的驱动,花色多、质量好的洋毛线一度受到女学生的青睐。洋毛线中,又以日租界须腾洋行经销的"麻雀牌"最受欢迎。九一八事变后,国内反日浪潮高涨。南开女中的爱国教员,基于强烈的民族义愤,认为学生们普遍选择日产毛线,既丢了民族气节,又不经济,便取得张

117

伯苓和其他校董的支持,在女中校园里发起了检查登记毛织品一事。

这件事的倡议者和执行者是张伯苓的得意门生和得力助手,时任南开学校女生指导的顾如。关于顾如,能够找到的资料不多,但是从张伯苓的书信和一些她所教过的学生的回忆中,大致能够还原出这位时代知识女性人生轨迹的一部分。

顾如,又名顾友如,她是南开大学1927年的毕业生,在校期间,就是学校的活跃分子。她不仅成绩优异、表现突出,还因姿容健美、仪态万方,荣获"南开皇后"的桂冠,是名副其实的南开校花。她组织能力很强,1924年2月14日,南开女同学会成立时,相当于学生会会长的顾如和韩仁、周仲铮两位同学一起制定了女同学会章程。顾如从南开大学毕业前,经校长张伯苓担保推荐,获得了自费赴美留学资格。在美国读书期间,顾如曾请求张伯苓帮助,向时任国立清华大学校长和美国公使馆一等秘书的严鹤龄申请减免一半留学费用。在留学生界,她以英语教学能力强而著名。回国后,顾如接受张伯苓的邀请,回到母校南开大学,一边教课,一边担任坐镇女生宿舍、负责对女学生严加管理的学生指导一职。1931年夏,毛彦文回国到南开看望张伯苓时,负责具体接待事宜的,就是顾如。1931年天津事变发生后,顾如南下,后就职于武汉大学。

对顾如,时人的第一印象是形象好、气质佳。曾在台湾大学中文系教书的殷正慈,是20世纪30年代武汉大学的学生,她在《忆顾友如师》一文中说,当她第一次见到在武大管理女生宿舍的顾如时,就被这位"丰神绰约""玉立亭亭""莞然一笑"的老师迷住了。在当时还是小女生的殷正慈眼中,这位从天津南开走出的女教师和学校里其他粗衣布裙、短发黄肤、给人一种陈年烟叶感觉的女教师有天大的反差。"她穿着一身剪裁合度的旗袍",衣饰发型入时、韵致高雅、步态翩跹,一举手、一投足、都让人赏心悦目。第二印象是擅长管理、情商高。殷正慈说她精明干练、洞察人情、敏慧多才。同时期在武汉大学就读、后任国民党少将的施应霆则站在男生的视角,将对女学生进行严格管理的顾如,形容为执掌珞珈东宫的"女王陛下",说她"作风民主,从不干涉女同学的内政、外交",在其"掌政"期间，风气"政通人和"，确保了五十多名武大"东宫"佳丽学习生活的宁静与稳定。

在南开毛织品检查登记过程中，漂亮的顾如严格按照标准规定，表现出自己特有的认真和敬业精神。她和蔡秀卿等具体负责这项工作的南开教员，让女中师生将自己大如外衣、小到手套的毛织品，无一例外地送到学校。然后她们亲自进行细致的检查，一一登记造册，并在衣物上缝制一个盖有紫色"验讫"二字印章的小白布证章。按照规定，登记完后，主人才可以穿着这些毛织品进入校园。每件经登记的毛织品直到穿破为止，不许添置。如果违反规定另行添置毛织品，一经学校发现，不仅要处以1元罚款，还要受到新衣物没收充公、捐往灾区的处罚。顾如他们这样做的目的，一是为了避免学生浪费，二是防止学生继续购置日产毛线。

南开的办法实施后，天津各校纷纷效仿，有效抵制了洋毛线。天津的毛织品市场出现了舶来品严重滞销、国货畅销的局面。靠日产毛线打招牌的须腾洋行，生意大受影响。为维持店面，抗衡南开学校师生的爱国行动，该店甚至打出了"凡持学校徽章来者，买一磅赠一磅"的促销牌。

婉容皇后遭偷窥

婉容戴草帽穿洋装的摩登照

1926年的一天早晨,溥仪的夫人婉容起床后,例行公事,开始更衣梳妆,其间,窗户突然开了。起初,婉容没有察觉,继续打扮,却不知此时,不远处一双眼睛正死死盯着她,企图一饱秀色。

此时的婉容正和自己的"皇帝"丈夫溥仪,以及淑妃文绣一起,借居在天津日租界张园。张园是前清驻武昌第八镇统制张彪的宅邸,这所豪宅的隔

天津张园旧影

壁是段祺瑞的小舅子——北洋政府陆军总长吴光新的公馆。张园的很多房间都和吴府隔窗相望，包括婉容所住这一间。偷看婉容梳妆的正是吴府的一位仆人。其实，这位仆人也不是一位职业"偷窥"客。只不过是婉容窗户打开的那会儿，他正好在打扫吴府与婉容隔窗相望的那间屋子，无意看见了。

穿着时髦旗袍的婉容和身着时尚西服的溥仪

达斡尔族的满洲正白旗人郭布罗·婉容，是清末民初天津城里的一位名媛，按照溥仪的原话，"她本就是一位天津大小姐"。她出生于1906年12月27日，家世显赫。曾祖父长顺曾任清代吉林将军，父亲荣源毕业于京师大学堂，在清末荣膺一品荫生，宣统年间担任过蒙古副都统、宫廷内务大臣等要职。婉容长得很漂亮，柳眉杏眼、身材窈窕，这主要遗传自她的生母爱新觉罗·恒香。婉容两岁时，恒香去世。恒香的表姐，爱新觉罗·恒馨嫁入荣源府中。这位外人口中尊称为二格格的继母，端庄善良、精明强干、豁达开朗、充满智慧。她对婉容视如己出，也将自己能诗善画的艺术修养，植入了婉容的气质中。清末民初的天津有很多受人称道的洋学堂，1912年夏，6岁的婉容在英租界伦敦道一所洋楼里居住，她被送入天津一所美国教会学校念书，一直读到女校毕业。荣源对子女教育非常重视，婉容在天津读书期间，家中专门聘请了洋教师教授她英文。漂亮而又聪明开朗的婉容，交际能力很强，她交了两个要好的同龄朋友——满洲旧臣的后裔喜官和莲官。在洋学校就读的经历让她变得时髦新潮起来，英语老师给她起了个英文名字——Reasa，即瑞莎。1922年，16岁的婉容在光绪皇帝遗孀端康太妃的强力支持下被选入宫，成为清朝也是中国的最后一位皇后。

这位在宫中将英文名字改为伊丽莎白的皇后，不仅自己时髦，还带着小皇帝一起追赶时髦。1925年2月，溥仪带着他的家人和追随者，悄悄"移驾"天津日租界，试图东山再起挽回昔日的荣光。回到这座自己曾经生活学习过的城市，婉容犹如被浪潮重新卷回水里的小虾，找到了展现自我的舞台。为了搞好"夫人外交"，溥仪为婉容专门请了英文老师，让她学会用英文阅读并写一些浅易的文章。她频繁地随同溥仪一起接见中外来宾，出席各种社交场合。为扮演好"高贵"的皇后角色，她将各种洋装配饰，作为不遗余力追求的时尚。从传世照片可以看出，不论是旗袍还是洋装，她都能穿出绰约靓丽的风姿。天生丽质让她穿什么都能加分，观念新潮又让她的言谈举止透着一种地道的洋气和优雅。

也难怪吴光新府上的这位仆人，看到这位颇有姿色的过气儿皇后时，会有那么一刻的失神，竟然呆立窗边一动不动。他的失态很快被婉容察觉，紧张之下他急忙转身开溜，婉容只瞥见一道匆匆离去的蓝色背影。来自本能的廉耻心和家世身份激发的优越感，让婉容感到奇耻大辱。盛怒之下，婉容立刻召集了从北京宫中跟随到津服侍的太监数人，赴吴府找那位穿蓝衣的仆人兴师问罪。但吴宅的仆人根本不吃这一套，不仅矢口否认，并且还振振有辞："如今民国，没有什么皇上皇下，你们老公，更不必作威作福，我们才不怕你们呢！"太监们无可奈何，只好到巡捕房报了案。

为了给溥仪几分薄面，巡捕房当即派捕当到吴宅传拘蓝衣仆人。但是吴府的仆人早有了准备，等巡捕房的人到吴宅后，发现整个吴府的仆人，全都换上了一模一样的蓝大褂。这一次，轮到巡捕们傻眼了，不知道究竟该抓谁，只能无功而返。

皇权在消逝，民权在滋生，婉容被偷窥一事，间接佐证了婉容的时尚漂亮，也证明20世纪20年代，一些底层民众已经摈弃了传统君君臣臣的尊卑观念，萌生了朴素的民权意识。

逊帝溥仪的洋爱好

　　1925年2月来到天津的溥仪,成为社会关注的焦点。他在这里的生活方式非常洋化,除了接见外宾、参加重大活动的场面不断见诸报端外,人们还时常可以捕捉到他穿着西装、戴着眼镜、挂着文明棍进入利顺德、中原公司等场所的身影。他的生活爱好是非常洋化的。

　　近代天津,是中国北方时髦事物、洋玩意儿、奢侈品的集散地。在这里,溥仪度过了他生命中最自在的日子。少了紫禁城的拘束,多了任意行事的自由。夸张的皇袍在他眼中变得笨拙起来,他换上了让自己看上去与西洋文明更接近的穿戴。他在回忆中这样说自己在天津期间的打扮:"我已不穿笨拙的皇帝龙袍,经常穿的是普通的袍子马褂,更多的是穿西装。""为了把我自己打扮得像个西洋人,我尽量利用惠罗公司、隆茂洋行等等外国商

西式着装的溥仪

店里的衣饰、钻石,把自己装点成Esqire《老爷》杂志上的外国贵族模样。我每逢外出,穿着最讲究的英国料子西服,领带上插着钻石别针,袖上是钻石纽扣,手上是钻石戒指,手提'文明棍',戴着德国蔡司厂的眼镜,浑身散发着蜜丝佛陀、古龙香水和樟脑精的混合气味,身边还跟着两条或三条德国猎犬和同样奇装异服的一妻一妾……"

　　溥仪对现代新式时尚事务发生兴趣,最初是受到他的英文老师庄士敦的启蒙。庄士敦是英国牛津大学文学硕士,后经李鸿章之子李经迈引荐,并由时任北洋政府总统的徐世昌向英国公使馆交涉,被溥仪的小朝

溥仪和庄士敦

廷聘来当了"洋帝师"。为将溥仪调教成一位绅士,庄士敦教溥仪怎样喝咖啡、怎样吃点心、怎样用刀叉,甚至成功说服溥仪剪掉了辫子。受庄士敦的影响,溥仪家中宠物犬、皇冠钻石、木地板、欧式家具等一应俱全。同时,怀表、表链、戒指、别针、纽扣、领带等时尚配饰,也都出现在了溥仪的身上。

从15岁起,溥仪的着装品位开始改变。据溥仪回忆,他叫太监们给他买西装,太监们从街上估衣铺中买回一大摞价格高昂的成衣西装。身形瘦小的溥仪穿上之后,如同被装在大套子中,晃晃荡荡。当他穿着完全不合身、大得出奇的西装,将领带像绳子似地捆在衬衫领子外面,出现在庄士敦面前时,这位洋师傅简直气得发抖。庄士敦劝他赶紧回去把西服换下来,第二天就亲自带来了专业的裁缝为溥仪量尺寸,为他量身定做了合体的西服,并且严肃地告诉溥仪:"如果不穿合身西装,还是穿原来的袍褂好,绅士从不穿估衣铺的衣服。那样看上去像街上的乞丐。"经庄士敦指教,溥仪懂得了穿西装的品位。

1925年2月23日,心怀复辟梦的溥仪戴着庄士敦建议他配上的一副浑圆的进口时尚眼镜,乘坐火车由北京来到天津。之后,受这座城市多元文化的熏陶,溥仪更加迷恋西式生活。他买汽车、买钢琴、买钟表、买收音机、买西装、买皮鞋、买眼镜,按照溥仪自己的说法,就是"买了又买,不厌其多","花了许多钱,买了许多用不着的东西"。他任性而又不加节制,加倍地追索着过去在紫禁城中被剥夺的自由,高兴时嚼一块儿香味持久的留兰香牌口香糖,嘴馋时吃一些从起士林买来的点心,发烧时服几片见效飞快的阿司匹林药片。不仅溥仪,他的妻子婉容和妃子文绣对西方物质文明也很痴迷,这主要表现在日常花费的攀比上。对此,溥仪说:"婉容本是一位天津大小姐,花钱买废物的门道比我多。她买了什么东西,文绣也一定要。我给文绣买了,婉容一定又要买,而且花的钱更多,好像不如此不足以显示皇后的身份。文绣看她买了,自然又叽咕着要。"此时的溥仪外强中干,支撑"帝后"奢侈生活的,只能是过去的"皇产"。对于在天津期间的花销,溥仪在回忆录中说:"每月大约需要一万多元",在天津购买用品的开支比在北京大得多,而且逐月增长。

手持网球拍、一身运动装扮的溥仪

1928年春,溥仪带着家眷逛开张不久的中原公司(即今百货大楼)。这是一家开张于1928年1月1日的高档综合商场。商场成立时,曾任北洋政府总统的黎元洪专门前往捧场剪彩。商场规模很大,百货林立,汇集了当时中国北方地区最先进的购物、餐饮、娱乐等设施。溥仪当时居住的日租界张园,离中原公司不远,来去方便。《北洋画报》记录溥仪这次光顾中原,称:"于晚间十点营业休息之后,店伙只得临时延长工作时间,以待候贵客云。"溥仪一家是晚上去的,作为特殊待遇,中原公司特别推迟打烊了一个小时,专门招待这位过气天子和他的家人选购商品。之后,溥仪成了中原的常客。

外出理发、看戏,或者是穿着西装四处溜达,溥仪这些在时髦青年身上很正常的流行举止,成了遗老旧臣眼中有失帝王风范的把柄。1928年,老臣胡嗣瑗两次向溥仪递交辞呈,原因是他亲眼看见溥仪到剧场看戏并且听说溥仪到商场酒肆游玩,到中原公司理发并购买了玩具,这些都是他管教不当所致。为了留住人才帮自己实现复辟梦,溥仪向老臣许诺从此不再光顾戏园和理发、洗浴等场所,之后也按照承诺收敛了自己的时尚热情。从此以后,直到溥仪进了监狱,他一直没有在外面看过戏,理过发。

曹锟身着西服看电影

　　1929年9月7日,星期六,在天津英租界蛱蝶电影院中,一部无声影片正在放映。在观众中,有前北洋政府大总统、此时寓居于天津的曹锟。这一天的曹锟,身上穿的是一套用上好进口面料制作的笔挺西服。

20世纪30年代初的蛱蝶电影院

　　根据媒体报道,曹锟是这样被发现的:在光线极其昏暗的演播厅中,几十名中外观众正在聚精会神地盯着大荧幕上打闹嬉笑的镜头,看到搞笑滑稽的桥段,时不时发出一阵爆笑。中场休息时,影院灯光亮了起来。一位六十多岁的中国老年男子起身,向身边认识的几位熟人轻声细语打招呼后,缓缓踱步,移向前排空座位坐下。当天看电影的人中,以金发碧眼的外国人居多,中国人只有十来位,所以这位老年人的特殊行动也引起了人们的特别关注。有观众认出,他就是前大总统曹锟。随后,几位随曹锟一起来观影的旧部属也一齐被好事者发现。

曹锟,字仲珊,1862年出生于天津大沽。这位土生土长的天津人一生虽大起大落,却也享尽了荣光。他1919年被拥为直系军阀首领,成为名盛一时的保定王。1923年6月,他利用兵权逼迫时任总统的北洋派元老黎元洪出走天津,为自己实现总统梦铺平了道路。同年10月,他因行贿国会议员当选总统后抵达权力巅峰,也因贿选一事为自己的人生留下污点为世人诟

身着大衣的曹锟

病。1927年2月,因直奉战争失利,曹锟归隐天津,开始了十年故里作寓公的生活,直到去世。

历经人生起伏,回到天津的曹锟,不仅遍尝人情冷暖,家庭成员之间的纷争也让他不胜其烦。二夫人陈寒蕊和三夫人刘凤伟之间因鸡毛蒜皮的琐事没完没了地争执,伤透了他的脑筋。据曹锟的内弟,曾在他手下任团长、旅长、税务局长、北方行业公司总经理的陈世如说,曹锟下野回天津后,最初与陈寒蕊居住在英租界19号路公馆,后又移居刘凤伟所住的洛阳道公馆。两位夫人为争宠、争风吃醋、不可开交,终于在1929年除夕前,在刘凤伟的公寓内上演交手战,陈寒蕊被打伤。陈夫人要报复,刘夫人要防卫,两位夫人买通英租界工部局职员和巡捕,雇佣一批流氓打手,随时准备武力开火。京津报纸添油加醋,对这件事大肆炒作,让曹锟丢尽了颜面。三个夫人和众多子女为争夺财产,经常与把持家族事务的侄子曹少珊之间产生矛盾,也成为他的一块心病。

曹锟虽然是武夫出身,没什么文化,但是却个性爽朗、善于自我开导。在天津期间,他不仅以画画、听戏等业余爱好自娱自乐,还时常尝试一些新鲜事物以为消遣。本次上蛱蝶电影院看电影便是放松心情的娱乐消遣。关于曹锟观影中途为何突然移作前排,报纸的解释是"大约因

目力不足之故",而在光线不太明亮、外国人居多的电影院中,他一下受到关注并被人认出,身上的那身西装也着实发挥了作用。在传统观念依然根深蒂固、长袍马褂还是男性时兴装束的20世纪初年,一个67岁的老人穿上西装,本来就是一件特别吸引眼球的事。

近代天津具有文化融合特征。伍稼青在其《拾趣续录》中记载过这样一个故事:曾任民初总统的徐世昌有一个弟弟,叫徐世光,字友梅,和徐世昌同一年中举,曾经做过济南知府。民国成立后,他在青岛居住期间,以遗老自命,脑袋上挂着一条大辫子,说什么也不肯剪掉。有一次,已经剪掉辫子的徐世昌到青岛,徐世光看见后大为不悦,摆出一副义正辞严的姿态对徐世昌大加责备。1914年,徐世光避居天津租界,已经做了袁世凯政府国务卿的徐世昌,为他争取了一个濮阳和工督办的肥差,"世光大乐,马上剪去辫子,穿起西服,谒见总统"。

清末民初,西装成为天津时髦绅士们的着装时尚。天津的劝业场和小白楼一带,出现了以做西式服装著称的宁波"红帮裁缝","夜走小白楼,充耳缝衣声"的巷语不胫而走。单排扣、双排扣、一粒扣、两粒扣、三粒扣、平驳头、枪驳头、倒驳头、开袋、贴袋、后开叉、摆缝叉、不开叉,各式各样的西装火了起来,大衣、马甲、衬衣等西式男装也成为抢手货。

曹锟观念开化,出入正式场合,经常着一袭简约得体的西式服装。1924年,第二次直奉战争爆发后,冯玉祥在北京发动军事政变,将曹锟和其四弟曹锐囚禁于中南海延庆楼。为了收拾局面、调停纠纷,冯玉祥委托曾任民国国务总理的张绍曾居间调和,张绍曾派出弟弟张绍程去中南海面见曹锟,充当说客兼探听口风。据张绍程回忆,他和曹锟见面那天,曹锟穿的就是"鼻烟色的高丽纳的短上衣,下着青色西装裤"。

生活中的曹锟,着装也有随意的时候。20世纪80年代初多次采访曹锟后人,并写了多篇"曹锟传记"的郑亚非说:"晚年的曹锟在天津交了一大群穷朋友。每逢夏天夜晚,曹家院子里常聚集着许多卖大碗茶、拉洋车、卖菜的小摊贩。曹锟和他们一样光着膀子,摇把大蒲扇,坐在小板凳上喝茶聊天。"

休闲娱乐惬意人生

好莱坞大片儿激发爱泼斯坦记者梦

1915年出生的爱泼斯坦,是有着犹太血统的中国籍波兰人。在这位著名记者的童年生活中,天津各大影院的硕大银幕上亦真亦幻、曲折离奇的故事情节萦绕着他的梦想。

爱泼斯坦

1920年,5岁的爱泼斯坦随父母从哈尔滨迁居到天津。在他眼中,租界众多的天津是"另外一个世界"。他们最初住在意租界为纪念明末来华传教士利玛窦而命名的利玛窦路(俗称"营盘小马路",今河北区光明道),不久又搬到了前德租界的威廉街(后改名为威尔逊街),最后才在英租界巴克斯道(今保定道),在离英租界工部局戈登堂不远的一处洋楼安居下来。

1922年7岁时,爱泼斯坦进入天津美国学堂上小学。这是一所规模不大、由社区居民主办的学校。他的父母觉得这所学校"最民主、最少殖民主义气息和狭隘的地方观念",就把孩子送来了。直到老年,爱泼斯坦还始终记得"学校里挂着华盛顿和林肯的像"。在这所学校上学期间,爱泼斯坦爱上了看电影。

天津和电影有难解之缘。1905年6月16日,天津《大公报》第一次把1896年传入中国的光影戏称为"电影"——这一现代娱乐方式有了一个在中国广泛流行的名称。从1906年天津最早的电影院"权仙电戏园"在法租界营业开始,看电影成了本地居民的一项流行的娱乐活动。到了20

清末时期戈登堂街景

世纪20年代,中国人开的影院和外国人在租界中开的影院遍布天津城市的繁华区域。爱泼斯坦和同学们常去的影院主要是租界中的"恩派亚"和"巴埃奥格拉菲"。

第一次世界大战后,美国大力发展电影业,强力向海外青年输出美式价值观,美国影片在天津同期播放的电影中,占据霸主地位。爱泼斯坦所在"美国学堂"的同学成了美式电影的痴迷者。在爱泼斯坦的回忆中,幼年在天津看过的美国影片有:宣扬种族主义的戴维·格里菲思的《一个国家的诞生》,幽默、温情的卓别林和杰基·库根的《寻子遇仙记》,开恐怖影片风气之先的郎·钱尼的《歌剧院的幽灵》,等等。他记得一群小朋友为哈罗德·劳埃德和巴斯特·基顿的喜剧表演笑得肚子疼,也为情圣鲁道夫·瓦伦蒂诺诠释的煽情浪漫之吻腺得嘘声起哄,还记住了玛丽·璧克馥、道格拉斯·范朋克、基什姐妹、格洛里亚·斯旺森、波拉·内格等大牌明星的一举一动、一颦一笑。除此之外,法国电影《马西斯特》、英国电影《人猿泰山》、德国电影《智者纳旦》,也深深吸引过幼小的爱泼斯坦。

1929年之前的天津,是无声电影的天下。年幼的爱泼斯坦最初在这些沉默的黑白画面中,放松地品味生活。一群男孩子充分利用影院的寂

天津平安电影院早年街景

静,调皮撒欢儿。爱泼斯坦忆及在天津电影院中和小伙伴一起取乐时说:"那时演的还都是无声片,观众听不到剧中人物的对白,所以也不要求院内安静。我们看到银幕上出现英雄时就欢呼,出现坏人时就斥骂,出现谈情说爱的无聊场面就嘲笑,也没人来干涉。我们不但觉得银幕上那些滑稽动作很好玩,自己也干一些恶作剧来寻开心。"天津影院二楼票价比一楼的便宜,这群小男孩常买二楼的座位,然后把纸折的小飞机或头上粘了嚼过的口香糖制成的飞镖向楼下观众的秃头上扔。看卓别林的滑稽剧时,爱泼斯坦心中常泛起一种莫名的亲切感,他说:"当我看到卓别林这个无家可归的流浪汉躺在街上读纽约出版的依地文日报《前进》(我们家订阅这种报纸)时,内心激动不已。"

对电影的痴迷无意中留下了人生的遗憾。1923年,8岁的爱泼斯坦在去电影院途中,因为脑子里想着下一场电影的银幕情节,神思恍惚中,被一辆路过的汽车撞倒,左边大腿股骨断成了三截,造成终身残疾。爱泼斯坦没有因此怨恨自己心爱的电影,而是将这一段不幸遭遇视为人生的转折点,他曾十分乐观地自揭伤疤:"在某种意义上说,这一意外改变了我的一生。在卧床的几个月中,我成了一个如饥似渴的读者,最后成为一个作家。"

看电影成了爱泼斯坦一生戒不了的爱好。从1929年开始，天津的影院中也开始放映有声电影了。此时的爱泼斯坦，当上了《京津泰晤士报》的记者。他与越来越多的好莱坞有声影片结缘，包括华纳兄弟公司1927年10月推出的第一部有声电影——由美国当红歌星乔尔森主演的《爵士乐歌手》，刘易斯·迈尔斯通执导的反战题材剧情片《西线无战事》，以及《小人物》《光荣的代价》《军士格里萨的案件》《百老汇旋律》等。他哼唱《百老汇旋律》中的插曲《记住我那被遗忘的人》《兄弟你能不能省下一毛钱》，从这些有深度的作品中获得启发。

在多次领教好莱坞的梦幻、浪漫和一招一式后，爱泼斯坦对20世纪初期风靡天津城的好莱坞电影有着自己冷静深邃的判断，他认为："好莱坞的许多影片，不是平庸就是迎合低级趣味或者简直就是'文化垃圾'，但它也确实曾给天津银幕带去一些有思想、有启发作用的片子。"

世界低音之王夏里亚宾的演出

　　20世纪30年代前后，国际文化艺术交流频繁，作为中国北方最大通商口岸城市的天津，成为国际音乐大师们巡回演出的重要一站。1936年3月27日，有世界低音之王称誉的俄国著名歌唱家夏里亚宾来到了天津。

　　夏里亚宾的好友、俄国著名作家高尔基曾这样称赞夏里亚宾："对于俄罗斯的艺术来说，夏里亚宾如同普希金一样开创了一个时代。"费道尔·夏里亚宾先天生就一副动听的嗓音。早年在第比利斯，随声乐专家乌萨托夫学声乐，掌握了意大利的美声唱法和俄罗斯的歌唱经验。在彼得堡皇家歌剧院和莫斯科马蒙托夫歌剧院期间，凭借演唱科萨科夫的《斯普科夫的姑娘》、穆索尔斯基的《鲍里斯·戈多诺夫》、达尔戈梅斯基的《水仙女》等名作，声名大震。1907年，夏里亚宾登临纽约大都会歌剧院的舞台，与卡鲁索联袂演出了《浮士德》，给观众奉献了一部世界歌剧史上的经典之作。1917年十月革命后，他应好友高尔基的邀请，重返俄国，获得"苏维埃人民歌唱家"的称号。在20世纪上半叶的男低音歌唱家中，夏里亚宾被行业人士公认为是最优秀的一个，被誉为"低音歌王"。

　　1935年12月开始，夏里亚宾来到中国开独唱音乐会，在赴上海、哈尔滨演出完毕后，将第三站放在了天津。对于这位俄罗斯现实主义表演艺术的杰出代表，天津观众并不陌生。这里租界林立、洋人云集、"海归"众多，在学校音乐教育的课堂上，在知识阶层的休息闲聊间，在对西方生活方式的推崇中，夏里亚宾的大名逐渐传开。戏剧家曹禺曾回忆说："我对夏里亚宾这个名字早就熟悉，并且知道他是高尔基的好友。在南开中学上学时，张彭春老师就给学生播放夏里亚宾的唱片《伏尔加船夫曲》，作为艺术欣赏课。"1935年，根据西班牙著名作家塞万提斯小说改编的歌剧《唐·吉诃德》在天津租界影院热映,夏里亚宾塑造的唐·吉诃德形象获得交口称赞。

基于夏里亚宾的强大知名度,他的人还没到,来津的消息就传开了。1936年3月初,《北洋画报》以《即将来津演奏之俄国低音歌人夏里亚平夫妇》为题刊登了宣传照片。繁华的街道、电影院的橱窗被夏里亚宾的招贴画霸占。演出的票价,分六元、四元、二元,负责"入座券"发售的英租界谋得利琴行前,挤满了前来买票的人。其中,俄国人是最多最热情的。当时在天津生活的爱泼斯坦谈到了天津俄国人对夏里亚宾的这种特殊情感:"俄国社区的人对夏里亚宾非常崇拜,即使音乐会的票价对他们来说十分昂贵,也要成群结队地去听他演唱。"

3月27日上午,身材魁梧高大、皮肤白皙、五官轮廓分明的夏里亚宾,在众人的期待中,乘坐大连公司"长平丸"号轮船抵达天津特一区大连码头。这一天的夏里亚宾,身着深蓝色西装、打着金黄色领带、披着黑色风衣外套、脚蹬深黄色皮鞋,戴着三枚硕大宝石金戒指,展现出一代歌王的风采。码头上,一位漂亮的俄籍女士抢先登轮献花,表达了仰慕之情。入住利顺德饭店后,夏里亚宾接受了天津媒体的采访,谈吐间"态度极为和善",丝毫没有"大艺术家"的骄态,低调而优雅的绅士风度让人着迷。

3月30日和4月1日晚间,夏里亚宾先后两次登上耀华中学礼堂的舞台进行精彩表演。演出尚未开始,剧场里就已挤满了观众。观众席上,有不断欢呼鼓掌的俄国侨民,也有沉醉其间的曹禺、爱泼斯坦,还有当时尚在南开中学就读的文艺青年沈湘和李世斌。俄国著名作家洛扎诺夫描述过夏里亚宾演唱会的实况:"他的声音不是投向大厅,而是在上空回荡后再飘落于大厅,使大厅里的观众能以这种方式近乎'偶然'地听到他的歌声。"在天津期间,夏里亚宾同样用他高度融合的洪亮嗓音和极富表现力的宽广音域,回报着观众的盛情。全程追踪报道的《益世报》记者阎树吾评论:"(夏氏)发挥其无往而不利之天才,粗犷时有如黄钟大吕,纤微处又可间不容发,听众莫不随声神往。"曹禺则回忆:"他的《船夫曲》唱得深沉、浑厚,有力,令人神往。我还从来没有听过这么美妙绝顶的歌唱。"爱泼斯坦说:"我还记得他的魁梧身材、萧萧白发和戏剧性的动作,虽然他的嗓音已不如年轻的时候,但他所唱的《伏尔加船夫曲》和《跳蚤之歌》依然震撼人心。"

　　《伏尔加船夫曲》和《跳蚤之歌》是演唱会上最精彩的曲目。和沈湘一同听演唱会的李世斌,对夏里亚宾表演这两段经典曲目的场景记忆深刻:"他唱了几段歌剧选曲(《浮士德》《唐·吉诃德》等)。他的拿手曲目《跳蚤之歌》,全曲充满了嘲弄的气息,其中穿插的笑声Scale(音阶)非常准确。高潮是《伏尔加船夫曲》,从远至近,又由近去远,音量控制真令人叹为'听'止。结尾时声音细如游丝,但仍绵绵不绝,直至最终消失于冥冥之中,全场鸦雀无声。声音戛然而止后若干秒钟,全场才爆发出雷鸣般的掌声。"

偷拍搞垮了直隶总督

　　1908年11月15日，安排完皇统继承问题的慈禧太后，在西苑中南海仪鸾殿辞世，享年74岁。死后，清廷将她的葬礼列入与防止乱党造反并列第一的大事。慈禧奉安大典也成为媒体聚焦的头条。

　　晚清时期，天津有一条名为"东马路"的繁华商业街，这里以门面整齐、经营档次高而著称。天津人尹绍耕经营的福升照相馆就位于这条高档商业街一侧。这家照相馆虽然在名气上敌不过日本人开的武斋照相馆和天津盐商王奎章出资的鼎昌照相馆，但却以经营方式灵活自成一派，经营业务以拍摄人像为主。

　　清末民初，照相受到上至达官显贵、下至普通民众的广泛欢迎。将各界名流在热门时事中出现的照片卖给报纸，报酬丰厚。1902年，直隶总督兼北洋大臣袁世凯进驻天津。福升照相馆取得了为袁世凯、其他地方长官及春秋阅操等重大政务活动拍照的首席摄影资格。1909年6月，

20世纪初年天津东马路一带街景

满洲正白旗人端方接任直隶总督。此时正值清廷大肆张罗慈禧葬礼事宜,尹绍耕获得慈禧奉安大典的独家拍摄权。

1861年出身满洲正白旗的端方,家世显赫。伯父是同治年间的内务府大臣桂清,以正直闻名于晚清官场。端方凭借桂清的美誉进入仕途,曾经在满洲世禄子弟云集的工部任职。工部在六部

端方着晚清朝服照

中以腐败著称,端方却能以博闻强记、踔厉奋发脱颖而出,以至于官场将"六部三司官,大荣小那端老四"作为饭后笑谈,这个"端老四"就是指端方。戊戌变法时,端方曾上呈标榜维新的《劝善歌》,受到光绪皇帝赏识,被提拔为陕西布政使;八国联军攻陷北京后,慈禧逃亡西安,他又以拱卫周备被提拔为湖北巡抚;1906年任两江总督期间,端方更因追捕革命党人卖力深得慈禧欢心。

据《清史稿》记载,端方性格好,不拘小节,与人容易交往,尤其喜欢收藏金石书画,在晚清官场中算是文思敏捷、才华横溢的一个。端方喜欢摄影,他向福升最好的师傅讨教照相之术,点名让师傅们进入总督府中为他珍藏的字画贴册、古钱古董存影留念。

1909年11月初,隆裕太后任命她的亲信太监小德张,坐镇玉田县城一家当铺,监督和检查由北京到东陵的灵道事宜。时任奉天辽北总统的张勋和小德张是换帖兄弟。有一天,张勋带着端方和武卫左军总统官姜桂题,到玉田拜访小德张。小德张虽然和端方并不认识,但是与端方的弟弟有旧,因而对其格外留意。见面过程中,不拘小节的端方冒犯了小德张。据民国年间与小德张交好的天津总商会秘书长夏琴西描述:与小德张见面时,心思缜密的张勋来了个差点180度的大鞠躬,而端方只是略微动了一下胳膊以示行礼。他一会儿坐在沙发上,一会儿又坐在椅子

上,跷腿伸足。这些小动作留给小德张"轻佻、傲慢、无礼"的坏印象,到最后,深感不爽的小德张对张勋冷冷地说:"绍轩,我这儿不是茶铺酒馆,是人不是人的少往我这儿领!"

1909年11月15日,筹备一年之久的慈禧奉安大典在举世瞩目中隆重举行。由皇太后、皇帝、皇后、后宫妃子、皇亲贵戚、朝臣命妇、宫女太监组成的送别大军,声势浩大地从紫禁城开往京郊东陵。一路上,哀乐声、鞭炮声、恸哭声伴随着如雪花般漫天的白色纸钱,在提前戒严、守备周密的灵道上空飘洒。作为朝廷大员之一,直隶总督端方参加了这次葬礼。按照成例,一位官员可以带几位满语称为"戈什喀"的仆从跟随,以尽护卫及服务之责。在端方所带的戈什喀中,有尹绍耕及其弟弟尹沧海、车夫孟长禄和福升照相馆的一名摄影师,他们是在买通端方随身侍卫刘某后,经过端方的默许,混入送葬队伍的。让其他人诧异的是,这几个脸上全无哀痛之色的人,行径古怪,时而闪入路边,时而窜入路中,甚至还拉上电线,用手中携带的先进摄影器材——冒烟照相机咔嚓咔嚓拍着照,他们更像是来观光的,不像是来送葬的。

有人将这个情报向丧礼主事汇报,葬礼主管官员也如实禀报了隆裕太后和3岁的宣统皇帝溥仪的父亲——监国载沣。随后,福升派出的人

慈禧奉安大典的送葬队伍开往东陵

员被全数逮捕收监，交给九门提督审讯。关于福升的败露，各种资料有不同记载。在《东方杂志》原文登录的葬礼主管官员李国杰（小德张的死党）的奏文中称："孝钦显皇后梓宫永远奉安，山陵见有官役人等携带照相器具沿途拍照……梓宫将到葬普陀之时，该官役等仍在陵寝内外任意拍照，臣已不胜骇异，初三日乃闻科尔沁辅国公博迪苏于宝城后东沙山上见该官役等仍前拍照，随即派人当场拿获。"戴愚庵在《沽上旧闻》中则记载："摄金棺入葬，需时较长，各官伏地恸哭，独殷（尹绍耕）跪地平身，为赞仪李国臣所见，立即拿下。"

此事牵出了端方，小德张联合李国杰，坚持以"妨害风水、破坏灵道、偷照御容、故意亵渎"为词，专折参奏，并请按大清律大不敬罪予以斩决。隆裕太后听小德张的，也主张严惩。11月23日，清廷军机处阁议以"恣意任性，不知大体"为由，对端方予以革职处分，判处端方的随身侍卫刘某永远监禁，判处尹绍耕、尹沧海兄弟十年监禁。此时的端方才刚刚当了直隶总督5个月。端方因此创下两项之最：最短命的直隶总督，历史上最早因偷拍事件落马的官员。

吴大猷情迷克莱斯勒

小提琴家克莱斯勒

曾经培养出杨振宁、李政道两位高足的吴大猷,被誉为"中国物理学之父"。美籍奥地利小提琴家克莱斯勒是20世纪世界乐坛神一般的存在。20世纪20年代开始,这两个在完全不同领域、不同时空生活的人物,发生了交集。西南联大时期跟随吴大猷做论文的杨振宁说:"吴大猷先生是南开毕业生,他对于南开有深厚的感情。"青年时期的吴大猷在天津南开学校上学期间,不仅爱上了物理这个终生的专业、爱上了阮士冠这个终身伴侣,还爱上了克莱斯勒这个终生的精神慰藉。

1907年9月29日,祖籍广东高要的吴大猷出生于广州番禺,他家是书香门第。5岁时,在吉林当官的父亲吴国基因染大疫去世。1921年,

青年时期的吴大猷

14岁的吴大猷随大伯吴远基一家迁居北方工商业城市天津,入读南开中学。时任天津旅津广东学校校长的吴远基教子有方,大儿子吴大业、二儿子吴大任、三儿子吴大刚和相当于养子的侄儿吴大猷,都是南开学校的尖子生,四人后来都成为中国科教领域的优秀人才,共同成就了一段"南开四吴"的佳话。其中又以吴大猷和吴大任的成绩最好,当时吴大猷、吴大任均在南开大学理学院的

专业就读,而理学院每年仅有一个奖学金名额,结果这唯一的名额连续四年都被吴家两兄弟承包了。第一年是大猷,次年是大任,第三年又归大猷,第四年复归大任。

读大学二年级的时候,吴大猷为了学习科学知识,努力练习英语,利用课余时间翻译了洛奇的一本科普读物《原子》,后来还将普朗克的《热辐射理论》由德语译成英语。他在物理学研究方面的潜质很快被南开大学物理系的创办人饶毓泰发现。饶毓泰是美国普林斯顿大学哲学博士,在20世纪初年的西方学科划分中,物理专业归入哲学系。饶毓泰以研究低压电弧电子发射速率的实验成果毕业,回国后被南开校长张伯苓邀请到天津任教。基于为中国物理专业培育苗子的神圣动机,饶毓泰强烈建议吴大猷去当时的科学中心德国研究晶体物理学。

吴大猷不是书呆子。张伯苓主持的南开学校,体育氛围浓厚,但是吴大猷不爱体育,而是爱音乐,他对音乐的爱从听留声机唱片开始。20世纪30年代,美国、日本、英国在中国开办的唱片公司,如胜利、百代、昆仑、丽歌、宝利发行了大量的唱片,引发了中国人听留声机唱片的热潮。1930年,《北洋画报》记录了这股听唱片的热潮:"劝业场旁之胜利唱机公司,每当播送唱片时,一班戏迷及曲辩之流,皆驻足立听,因之光明戏院前,门庭若市,其门前附设之凉食吧'BAR',以此利市三倍。"可见,当时人们对留声机唱片的热衷,一度带动了周边商业的发展。

在天津期间,乐观开朗的吴大猷养成了听留声机的习惯,也因这个习惯,他对当时风靡全球的小提琴演奏家克莱斯勒产生了痴迷。他在《我最倾心的音乐家克莱斯勒》一文中,深情追忆这一段往事:"我首次的和西洋音乐接触,是在十几岁时听留声机。先是在同学家里听到的,随着自己也买了几张唱片。从来没有人向我介绍过任何音乐家或演奏家,我完全凭着直觉在许多唱片中选了克莱斯勒的片子。从此,克莱斯勒便成了我对小提琴音乐演奏的标准,后来,我渐渐地增加了欣赏音乐的能力,使我由对克莱斯勒的演奏和他的作品的喜爱变成对他个人的崇拜。这个崇拜,渐渐由理性的而变成情感的,到了'痴迷'的程度。"这种痴迷到后来渐渐演变成为固执,晚年的吴大猷曾坦言:"我真的崇拜他(指克莱斯勒)、爱他。我崇拜他,多过于我崇拜的大物理学家。"

对爱情,吴大猷同样很固执,在爱上克莱斯勒小提琴音乐的同时,他也疯狂爱上了来自北京的浙江姑娘阮冠世。1928年考入南开大学理学院的阮冠世是南开大学为数不多的女生,她勤奋好学,却身体柔弱。张伯苓治校严格,不愿学生在校园里谈情说爱。忍不住内心悸动的吴大猷便偷偷约这个小师妹出来,思源台前、莲花池畔、小铺摊边,一对郎才女貌的身影出现了。恋情终于还是公开了,张伯苓严肃地对吴大猷说:"如果你喜欢阮冠世,我认识她的父亲,可以给你去提亲!"

吴大猷和阮冠世的生活照

1929年从南开大学毕业前夕,受阮冠世鼓励,吴大猷报考了清华公费留美,却不幸落榜。吴大猷留校当起了助教,他觉得挺好,正好可以和阮冠世"一生一世一双人"了。阮冠世被诊断出患有肺病,吴大猷便到菜市场买瘦牛肉,回来把肉切成小块,装进酒坛,再将坛子放入水锅用文火炖,给她做广东民间滋补品——隔水文火炖牛肉汤调养身体。阮冠世怕拖累他,含泪提出分手,他果断拒绝。1931年6月中旬,南开大学相继致函国民政府教育部,请求为即将赴美留学的吴大猷、阮冠世颁发毕业证书。

晚年的吴大猷接受台湾一家电视台采访时,谈及了他对阮冠世的感情:"就因为她身体不好,我才要娶她,我想好好照顾她一辈子。"此时,阮冠世已谢世多年,而吴大猷的深情仍在。和深爱阮冠世一样一如既往的,还有对克莱斯勒的痴迷。2000年,即将走完人生旅程的吴大猷躺在台大医院病床上,清醒时,还向身边的人提出要听他最喜爱的克莱斯勒的唱片。

霞飞元帅为法国公园揭幕

20世纪初年,逛公园成为一种都市潮流。一批风景秀丽、特色各具的公园在天津竞相出现。其中,建成于1922年的法租界法国公园,因法国名将霞飞元帅的莅临而别具知名度。

约瑟夫·雅克·塞泽尔·霞飞,出生于1852年,是第一次世界大战中法军的最高统帅。他早年毕业于巴黎综合工艺学校,入伍后因参加法国对外殖民战争而获擢升。1911年任法军参谋长后,制订了被法国政府誉为"霞飞计划"的一系列对德作战方略。第一次世界大战爆发后,他任西线法军总司令,亲率第6军顽强抵抗德军进攻,并成功指挥了第一次马恩河战役,粉碎了德军以速

约瑟夫·霞飞

战速胜为目标的施利芬——小毛奇计划,使德军在西线的计划破产。1916年又指挥英法联军取得凡尔登战役和索姆河战役的胜利。因法军在1916年的对德战役中死伤惨重,他受到同僚攻击被迫辞去总司令之职,但同时获得元帅军衔,从此以"霞飞元帅"大名著称于世。1918年12月,他被选为法兰西学院院士。战后任法国最高军事委员会委员,从事法军建设问题研究。

第一次世界大战结束后,霞飞元帅萌生了周游世界的想法。1921年,日本皇太子访问法国,邀请他和家属访日。1922年,70岁的霞飞元帅接受邀请,带着与其他协约国领导相见并向各国答谢参战之意的愿望,以考察军事为名,开始了远东之行。一起出行的有他的夫人、21岁的

女儿及有关随员。1922年初,中国北洋政府也对这位时任法国政府国防委员会主席的著名将领发出了正式邀请。霞飞一行先至日本,然后过朝鲜,2月15日抵达奉天沈阳(今属辽宁)。北京政府派出曾在法国陆军学校留学的陆军中将唐宝潮等前往迎接,唐作为专使,全程陪同霞飞在华旅行。

霞飞元帅来中国访问,受到中国政府热情接待,引起社会极大关注。《顺天时报》专文刊登了官方欢迎霞飞元帅来华参观的招待日程。日程安排的第三项,就是抵达天津后由直隶交涉员负责照料并加派军队全程护卫这项"礼遇"。1922年2月26日,霞飞元帅以法国军事参议官的身份到达北京,大总统徐世昌用隆重的午宴表达了中国人民的热情。3月4日,霞飞元帅转赴天津,拜访在中国军政界尚有巨大影响力的段祺瑞。1917年,时任国务总理的段祺瑞曾与法国为盟友,对德宣战。

霞飞元帅的到来,无疑是一件让天津各界雀跃的大事,为了表示欢迎,同时保证安全,天津各银行与商店均规定休假一日。当这位以木讷死板寡言、坚毅冷静虚心的复杂性格而著称的世界名将到来时,因1920年直皖战争失败而暂时失势的段祺瑞,正隐居在小舅子吴光新位于日租界宫岛街(今鞍山道)的别墅中,"每日以围棋竹战为消遣","政客有往见者,亦多被拒绝"。即便如此,当大名鼎鼎的霞飞元帅到来时,段祺瑞还是一改其隐居状态,露出了难得一见的真容。

天津之行,霞飞元帅还拜访了本年1月25日因受不了吴佩孚排挤,愤然请假来津的旧交通系领袖梁士诒,并礼貌地就大十字勋章一事致歉。关于大十字勋章的来龙去脉,北洋政府时期的著名外交官颜惠庆在自传中回顾:"法国霞飞元帅 Field Marshall Joffre,时正访问我国,照例携来法国荣誉勋章,以备赠给中国政要。惟他仅带来法国最高级的大十字勋章(The Grand Croix)两座,原备一赠张作霖将军,一赠梁士诒总理。适梁氏避居天津,我代阁揆,此项荣誉,竟由我承受。迨霞飞元帅会见梁氏时,谓将由巴黎补寄一份相赠。"梁士诒请假后,内阁总理一职暂时由颜惠庆担任。阴错阳差,大十字勋章因此易主。

天津法租界法国花园

对于居住在法租界的法国侨民而言,迎接霞飞元帅是一种骄傲和荣耀。当时,为满足侨民休闲游憩需求的法国公园刚刚落成,园内立有法国民族英雄诺安达克塑像及和平女神铜像各一座,公园周围设铁链式围墙。这座位于法租界中央的花园,以典型的街心花园设计为特色,正门儿童运动场上的转塔秋千,是这座公园的招牌娱乐项目。对于当年春日小朋友在转塔秋千上玩耍的情形,报纸曾记载:"转塔少友,皆著鲜艳春服,精神活泼,运动矫健,舞云飞霞,令人忽忆童年乐趣也。"

1931年1月,天津市市长臧启芳和天津公安局局长张学铭参加在法国公园举行的霞飞元帅追悼会

在中国官方和法租界当局的共同安排下,霞飞元帅参加了法国公园的落成典礼。时年7岁、正在天津上学的爱泼斯坦,在

147

晚年对这一盛大仪式进行过回忆："为了法国的光荣,我们全校学生曾在1922年集体到法租界的公园里去参加一个特殊的仪式。正在天津访问的、留着白色小胡子的霞飞元帅在这里为诺安达克铜像揭幕,这位法国女英雄手持出鞘的宝剑,是胜利的象征。"从此,法国公园有了一个叫"霞飞广场"的别名,而那条环绕着法国花园的圆形马路,则被天津人戏称为永远走不完的霞飞路。

　　这位胡子花白、大腹便便、憨态可掬的法国元帅让天津难忘。1931年1月3日,霞飞元帅去世,为了纪念他,法国侨民在他揭幕的法国公园中为他召开了追悼会,时任天津市市长藏启芳和公安局局长张学铭参加追悼会并敬献了花圈。

严修偕教育界朋友同游植物园

南开系列学校创办人、有"南开校父"美誉的严修,是一个极富生活情趣的人。他兴趣广泛、爱好风雅、阳光好动。《严修手稿》是迄今最完善的严修遗稿,内容涉及严修日常生活、学习、研究、社交等各个方面。其中的日记部分,记录了1909年9月16日,严修与教育界朋友同游北洋官立种植园一事,直接佐证了严修交友广泛、爱好生活的格调和品位。

早年南开中学

在当天的游览日记中,严修记道:"到种植园,同人到者:墨青、翊廷、渐逵、养斋、筠庵、树人、李仲篪、尚勋、子华、趾周、伯苓、武医士,合之余及仁曾,凡十四人。赛船一次,又舟行作乐一次,已曛矣。乃至玉发居便饭,饭后复回园者十人,五人占一舟,容与于两湖。子华、树人、尚勋、养斋合乐,或笙、或萧、或笛、或胡琴、或三弦,抑扬断续,各尽其妙。又有园人苏姓,吹短笛为秦腔,亦能成调。继又缆两舟为一,不棹不桨,听舟所之,与月逢迎,清风拂拂,蚊蜢避匿,畅然意舒,此境殊不易得也。"

北洋官立种植园

　　北洋官立种植园是天津的第一家植物园,它诞生于晚清新政的时代浪潮中。1905年10月,清政府派载泽、端方、戴鸿慈、李盛铎、尚其亨五大臣出洋考察宪政。1906年10月13日,出使日本和美国归来的戴鸿慈、端方等连上三道奏折,一奏军政,二奏教育,第三奏则呼吁设立四大公共文化设施:"各国导民善法,拟请次第举办,曰图书馆,曰博物馆,曰万牲园,曰公园。"在介绍各国公园建设的奏陈中,提到法国、德国、奥地利的公园,"布置尤为井井,林立翁蔚,卉叶荣敷,径路萦回,车马辐辏,都人男女,晨夜往游。其空气既可以养生,其树艺亦可资研究",强调公园在养生、休闲、经济各方面的作用。于是,在官方认可下,各省掀起了一股创办包括公园在内的公共文化设施的热潮。

　　考察宪政的大臣们奏请设立四大公共文化设施之时,也是清政府出于振兴实业的初衷在各省推广林政之际,建设公园也被纳入林政的范畴加以推广。本地有识之士大声疾呼:"津门为九江之汇,本系水陆通衢。开埠后,士商云集,繁盛几颉颃沪上。所缺憾者,独少名园胜地,为人士游目。"直隶总督兼北洋大臣袁世凯授权时任天津道兼长芦盐运使周学熙,在新开河天津北站一带,筹设天津第一座官办的公园和植物园——北洋官立种植园。

这一年,周学熙42岁,年富力强。在这位后来的北洋政府财政操盘手、清末民初北方最大实业家的指挥下,经过一番"累石为山""凿池引河"的苦工,风光旖旎的北洋官立种植园于1907年9月开张纳客。为维持游园秩序,园方制定了严格的规定。根据《北洋官立种植园游览售票章程》,园内各项服务均收费,门票2个铜板、茶票4个铜板、船票每人10个铜板;入园时,车马行人均需靠马路左边,按顺序入园;入园和等待乘船的过程中,不得"绕越拥挤",不得"争先喧哗",不得吵架;园中花草树木、蔬菜水果、各种动物,只可观览,不可攀折侵害。园规虽然不乏科学和现代之处,但是也带有严重的重男轻女的传统偏见,它规定男女不能同时入园,并设定星期一、二、三、五、六,为男客入园时间,星期四,为女客入园时间。不合理的规定引发了社会强烈的反感,天津《大公报》刊发《种植园游览章程秩序之迂滞》一文,对其进行了抨击。

迂腐的园规,并没有影响消息灵通的天津市民到这里享受田园风光。据英敛之在日记中记载,北洋官立种植园刚开张的1907年九十月间,他曾多次到此游玩,有时独自前往,有时偕友人前往,后者居多。英敛之是近代著名报人、闻名南北的《大公报》主笔,在生活中也是一位十分有情调的人,这样一位博文广知的人物,多次赏光莅临,也可知种植园确实有吸引人的地方。

严修1860年出生于天津,除了19世纪80年代有当清朝翰林院编修、国史馆协修、会典馆详校官、贵州学政、学部侍郎等外地任职经历,一生中大部分时间都是在天津学习、生活,以及从事新式教育的推广。他朋友众

严修与友人的西装合影照

多，是天津学界名副其实的领袖。20世纪初年天津文人丰富多彩的组团娱乐项目中，到种植园观光也是其中之一。1909年9月，严修带领天津教育界名人一起参观种植园，体现了一种现代都市生活的时尚。

从日记内容看，同去的教育文化界名人，有墨青、翊廷、渐逵、养斋、筠庵、树人、李仲篪、尚勗、子华、趾周、伯苓等共14人，其中有许多都是天津名绅。还有一些，在中国近代史上都赫赫有名，如其中的清末教育家林墨青，南开校长张伯苓，五四运动中天津的活跃分子时子周等。和严修一样，他的朋友们也多才多艺，当天的游艺项目非常精彩，在赛船、坐船，演奏笙、箫、笛、胡琴、三弦等乐器的过程中，大家“各尽其妙”。严修善吹箫，会弹琴，在与朋友们乘船游玩时，也随性吹箫作乐一次。此次参观种植园，美丽的风景及朋友间和谐的气氛都令他十分满意，从他“缆两舟为一，不棹不桨，听舟所之，与月逢迎，清风拂拂，蚊蟎避匿，畅然意舒，此境殊不易得也”的描述中，也可见一二。张伯苓在日记中也记载了这次游玩，称“与林墨青、严修、辛树人、黄仲篪、时子周等到种植园，聚会游玩。后一同到玉发居进餐”。虽然较严修的记录简略很多，但许多内容与其重合，可见张伯苓对这次游园活动也是印象深刻。

名媛郑念演新剧

1987年，一本名为《上海生死劫》的个人自传体著作在欧美出版，成为英语世界畅销书，引发轰动。书的作者郑念，通过对自身遭遇细腻而深情的描述，让人们看到了一个女人在恶劣的环境中，面对磨难，可以有怎样的深情、勇敢、坚持、乐观和风骨，也让人们见识了什么是真正的名媛。

名如其实，郑念本名姚念媛，出生于1915年1月28日，30年代前后，曾是天津南开中学一名十分优秀的女生。应该说，她的乐观开朗，她的坚持真理，以及她心中常有的那一片光，都离不开早年天津求学生涯的历练和影响。

当时的中国，从传统迈入现代的幕布刚刚撕裂了一道口子，只有家境优越的女生才有机会进入学堂，接受现代教育，天津南开学校的学生多数家庭也是非富即贵。郑念出身名门，祖父姚晋圻是维新派、实业家、教育家和著名学者。父亲姚秋武清末曾去日本学习海军，辛亥革命后回国，在中华民国海军舰队任职。郑念入读南开期间，姚秋武正担任东北海军司令秘书长，姚家也在天津定居。

郑念明眸善睐、长相出众，她穿着入时，不论举手投足，还是浅笑微颦，都流露出一种风华绝代的气质，是南开中学当之无愧的校花。著名农业经济学家、翻译家、科技情报专家叶笃庄后来的夫

郑念与父亲姚秋武及同在南开学校上学的弟弟在海军军舰上合影

人孙竦,当时就读于南开,是郑念的好友。她当时将郑念穿系带西式大衣的潇洒风采随手画成一幅速写,刊登在《北洋画报》上。

孙竦为郑念画的速写像

1931年5月19日,郑念的照片第一次上了天津《北洋画报》的封面。15日,星期六,南开中学毕业班在学校礼堂举行游艺会,郑念出演了南开校友曹禺改编自德国小说的剧本《我俩》。该剧讲述了一位喜欢交际的有夫之妇,因与丈夫发生家庭矛盾,受爱慕者诱惑挑唆,在即将出轨的前夕,在一场宴会中,被丈夫感化幡然悔悟,夫妻二人澄清误会、抛却前嫌、重归于好的故事。在这部教育青年夫妇珍惜家庭幸福的新剧中,郑念作为女主角,饰演了那位思想出轨但及时悬崖勒马的懵懂妇人。

为了演好这个角色,她花30元钱专门订做了一件时兴的雪光纱西式洋装。当时的30元不是个小数字,相当于一个普通职员一月的工资。20世纪初年,西式洋装受到富裕家庭名媛闺秀的青睐。摆放在天津著名的元隆和、老九章这些店铺货架上的各类新式面料,如雪光纱、芙蓉绢、冷香绸、曼哥纱、夏冷纱、乔其纱、华而纱等,虽然价格高昂,但也时刻激

天津《北洋画报》上第一次刊出的郑念照片

发着爱美女士的少女心,在时髦女性中时兴一时。当妆容精致、身材窈窕的郑念穿上这件短袖西式洋装登台亮相,又以精彩的演技诠释剧情后,立刻引起轰动。

游艺会上,除了《我俩》之外,还有男生所演新剧《死网》,与教员李来荣等主演的英语歌剧《黑暗之夜》。《北洋画报》的实际当家人,著名记者吴秋尘在对三场演出进行对比之后,认为新剧《我俩》最值得称道。在剧评文章中,吴秋尘大赞郑念:"其语调之纯正清脆,

流利，柔和，无以复加，抑扬之间，顿挫有致。故仅两人对话之剧，乃能演来十分动人，一笑一颦，无不中节……全剧尤以怀想当年一节，表演最佳。"20世纪30年代前后，因为有张彭春、曹禺等话剧名家的领衔指点，南开的话剧表演水平全国领先。郑念在游艺会上的成功亮相，也让她一时成为天津的知名人物。

1933年从天津南开中学毕业后考入燕京大学的郑念

长得漂亮给了她成为花瓶的条件，但郑念绝不是花瓶。会演戏也只是郑念多才多艺的一个方面。她组织能力强，是学生会的主席。当时的南开学校，男生私下称女生为"老虎"，女生则称男生为"耗子"，她是学生会主席，也是女生的领袖，被称为"老虎头"。连《北洋画报》介绍她时，也说她"专门以作主席见长，因有'主席'之绰号。"1931年7月，南开学校为激励学生爱国，组织了航海旅行团活动。郑念是学校的活跃分子，又是活动的赞助方东北海军舰队少校姚秋武的女儿，便参加了这次半军训半旅游性质的暑期活动。活动中，她和王若兰、梁思懿、陈蔼民四位并称"南开四女生"，一起登上军舰。郑念在旅行中展现了满满的爱国心，当在烟台登陆目睹美国水兵纵酒嫖妓的不堪后，她很气愤，在抵达青岛后发表演讲称："烟台被那美国水兵弄得乌烟瘴气的，更使我们不敢在那里多留恋一会儿。"

外向开朗的郑念学习成绩也很好，尤其喜欢读书，受家庭传承影响尤精于古典文学，是南开女中最负盛名的国语名家。因为文笔好，她也顺理成章地成了《北洋画报》的特约记者。1932年6月3日，南开大学学生会主办的欢送毕业同学游艺会在南开大学礼堂开会，姚念媛撰文报道了游艺会盛况。1932年7月《北洋画报》六周年大庆，吴秋尘再度邀郑念写稿。因为忙着准备期末考试,她没有留下太多的文字,只用匆匆数笔"祝北画永远站在时代的尖端,作大众的领导",表达了对这份刊物的感情和自己的文学热忱。

当时天津学校的男生流行着一句顺口溜:"南开小姐、中西少奶奶、圣功木头人。"当时的"小姐",是对有知识又优雅的年轻女性的尊称。1933年秋,"南开小姐"的代表性人物郑念从天津南开中学毕业,以优异成绩考入燕京大学。

英敛之看马戏表演

1903年10月7日,天津《大公报》刊发的一则名为《请看海狮子戏》的广告称:"兹有俄人在红海得一奇兽,名曰海狮子,能通人语,并会各种奇巧戏法,极为可观。今由旅顺赴申,路经此处(天津),拟于华历八月二十、二十一、二十二在天津城外东马路官银号旁开演三天。"

10月10日至12日,充满悬疑色彩的俄罗斯海狮子马戏,按照预告时间在天津公演。在众多围观者中,后成为中国近代著名报人、时任《大公报》主笔的英敛之是其中一位。英敛之有记日记的习惯,在10月12日的日记中,他回顾了这一天的娱乐活动:"二十二日(农历,阳历为10月12日)午后,同妹携申格看俄人海狮子。"

英敛之出生于1867年,又名英华,满族正红旗人。幼年家贫,爱好文学,勤奋节约,常跑茶馆捡被客人丢弃的包茶叶的废纸,回家练字。1898年4月,小有才华的英敛之撰写文章《论兴利必先除弊》,开始评论国事。1902年7月17日,他受天津紫竹林天主教总管、教友、商人柴天宠委托,在天津创办了以"开风气,牖民智,挹彼欧西学术,启我同胞聪明"为宗旨的《大公报》,任总理并负责编撰工作,他提倡变法、抨击时弊、不避权贵。本来,北京天主教北堂也来信邀请英敛之去工作,薪水挺高,但他认为办报

英敛之

能继续鼓吹维新变法思想，推动国民进步，便选择到天津办报。他每天亲自执笔撰写社论一篇，工作很忙。报纸创刊伊始，销路直线上升，此时的英敛之可谓春风得意。这位成功的报人，深谙劳逸结合的重要性，加上他又是新派人物，工作之余，他很会享受生活。

英敛之与妻子和儿子英千里

晚清时期，猴子钻火圈、狮子翻跟头的外国马戏表演，开始传入中国。大名鼎鼎的俄罗斯大马戏团常常取道海参崴（符拉迪沃斯托克）来中国，在天津、上海等城市进行跨国巡回表演。日本马戏团、印度马戏团等也时常在天津驻足。因表演形式新颖，观赏性、娱乐性、刺激性强，外国马戏受到天津市民的喜爱。

英敛之在1903年10月12日日记中提到的那位一起看马戏的"妹"，即其妹妹英杖，她后来任培根学校校长。英敛之兄弟五个，分别为英寿、英华（英敛之）、英秀、英杰、英俊，家中只有一个妹妹，便是英杖。由于大哥英寿早逝，排行老二的英敛之从小就承担起家中主要的生活负担。成

民国时期马戏团驯兽表演

年后的英敛之作为长兄，很受弟妹尊重，家庭成员关系和睦。在天津期间的英敛之，常携弟妹一起外出休闲。日记中出现的"申格"，则是英敛之二儿子英千里的小名。英千里是1900年英敛之与

158

妻子爱新觉罗·淑仲所生,20世纪一十年代考入英国伦敦大学,回国后投身教育事业,后成为辅仁大学校长,曾被公认为当时外国人心目中英语最好的中国人。

英敛之为人公道正派,朋友也很多。带着家人、邀集朋友,一起观看西洋传来的马戏表演,是他的娱乐消遣之一。《天津日日新闻》社社长,浙江定海人方若和英敛之交好,英敛之多次请方氏夫妇做客,并邀请方若及其第二任妻子汤小豹一起观看马戏。据英敛之日记记载,海狮子表演之前的1903年9月22日,他就先期欣赏了印度马戏。1904年,各国马戏团纷至沓来,他于8月7日、8日、23日都曾邀请朋友一起看马戏。9月4日,他再次和英杕、英千里一起观看了马戏表演。

在所有日记中,英敛之都没有具体描述马戏表演的场景,但清末民初的徐珂在其编撰的《清稗类钞》中,对西洋马戏传入之初的表演盛况进行了如下勾勒:"演时,大抵张广幕为场,场形圆,中央为奏技处,观者环坐四周。场有奏乐处,铃动乐作,演技者联翩而出,骑术极精。初用常法骑马,循场而走,继则立于马背,旋以两膝跪于马背,且走且跳索,或令马走方步。其始马首尚有缰,未几,即尽去之。或一人立于场中,举鞭为号,马即如法做种种游戏。又能驯伏狮虎及象等兽,驱使之,无异于驱马。且能倒立,以手代足而步行。或跨一轮,上十数层之阶级,或上悬空之梯,或步行于铁丝之上,或以种种方法踏脚踏车。最妙者为翻棍,其身手之快,直无异于飞鸟也。"英敛之和他的家人、朋友,观赏到的马戏表演,大概也不外如此。

钱钟书曾评价早期中国人看外国戏剧,说他们是把外国戏剧当作马戏和魔术一样来看待,图的主要是热闹的外在形式。反之亦然,英敛之自然也没能免俗。他看马戏表演,就像他观剧看戏、看电影一样,部分原因也是图个热闹。1906年,享誉全球的士攀巴尼大马戏团由欧洲抵达天津,5月19日,天津《大公报》刊登广告,对其动物明星阵容进行宣传介绍:"野兽数十只。其中有狮子五只,可推笼入戏场中演试幻想,比从前之来中国大异。又有象两只,并有熊、山羊、猿猴、狗、马之类,每晚在戏场中圈演多种技艺。"这样空前的场景,英敛之自然不能缺席,在6月22日的日记中,英敛之留下文字:"五月初一,同朋友看马戏。"

在《大公报》等早期媒体的宣介和英敛之等名人引导下,天津市民对马戏的喜爱潜移默化成了习惯,民国年间有许多世界知名马戏团来到天津演出。1918年5月18日,有"全球各马戏之冠"声誉的英国威士顿马戏团在天津俄租界开演,《益世报》报道:"所带各种奇兽,记者曾先期前往参观,光怪陆离,实为见所未见。"1920年10月12日,在世界各地巡回演出的意大利大马戏团抵达天津,借大罗天游艺园旁场地开演,《益世报》记载其"带有猛兽数十种,如虎、豹及大象、狮子等。男女艺员数十员,游戏俱备。闻该象高一丈有余。"

周瑟夫镜头下的世象百态

1927年8月下旬，天津英租界维多利亚路177号，一家英文名"B.M. JOSEPHO & Co. ARTISTS PHOTOGRAPHERS"的照相馆开张了。这个名称翻译成中文，就是"周瑟夫美术照相馆"。它位于天津市黄金地段，斜对面即是英租界工部局。

当时天津较有名的照相馆，以传统、雅致的词汇命名的居多，如"同生""鼎章""瑞星明记""美丽"等，以摄影师名字直接命名的很少，周瑟夫美术照相馆便是其中一个。20世纪初年，英国人周瑟夫是天津摄影界的知名人物。这家店铺自开张伊始，许多时尚人士纷纷前往体验。

关于周瑟夫，没有太多资料能够考证其详细生平，当时的报端广告透露出，他的中文名又叫胶随波。让他名满津城的，是他遗留至今的作品。在他的镜头下，无论是贵妇名媛、士绅政客、自然风光还是时局写真，都别有一番意境。

周瑟夫最善于抓拍女人的美。美人低头是周瑟夫作品中的经典一幕。1927年8月24日，当时冠绝天津城的美女周美岐，以周瑟夫为其设计的一袭温婉可人的低头造型登上了天津《北洋画报》的封面，为刚成立的"周瑟夫美术照相馆"做了一次精彩绝伦的广告。周美岐是民初北洋政府代理内阁总理周自齐的大千金，实业界新秀——中国无线电业公司总经理胡光麃的夫人。之后，唐昭仪的二女儿、时寓居天津外交官张谦（张公扰）的妻子、

周瑟夫为胡光麃夫人周美岐拍摄的肖像照

周瑟夫为时任天津市公安局局长张学铭拍摄的照片

以泼辣麻利著称的唐宝璋、袁世凯的六女儿、曾留学欧美、知书达理的袁篆祯、陆宗舆的千金、昆曲名家徐子权的妻子、大方活泼的津门名媛陆静嫣，寓居天津的前山东烟酒税务局局长梁宝田家的姐妹花——大华饭店经理赵道生的妻子梁君咏和乐仁堂药店经理乐松生的妻子梁君谟，曾任北洋政府财政总长李思浩家出尽风头的千金、在天津交际界享有盛名的李倚云，众多美女在周瑟夫的快镜前竞相低头。

不是每个女子在周瑟夫面前都惯于展现那"最是一低头的温柔"，比如乾隆帝第十一子成亲王永瑆的玄孙、末代皇帝溥仪的表弟爱新觉罗·溥伦的妻子——荫禄之女瓜尔佳氏，虽然清皇室早已日薄西山，但这位已故贝勒的遗孀"倒台不倒架"——在留存至今的周瑟夫影像作品中，这位年轻的清朝贵妇高昂着头颅，精致的妆容、时尚的衣着、淡然的微笑，将王族的端庄、典雅、高贵展现得淋漓尽致。再比如曾任北洋政府交通次长赵庆华家的两位千金，即著名报人冯武越的妻子赵绛雪和她的亲妹妹——当时报界口中的"旅津浙江名媛赵香茔女士"，她们就那么在镜头前一坐，向前凝视，似笑非笑，自有一种脱俗的神韵。那位不愿在一流摄影师面前低头、名为赵香茔的女子，后来成为少帅张学良的终身伴侣，她就是赵四小姐。

周瑟夫人物肖像摄影中常见的还有明星。1928年2月，有"四大坤旦"之称的京剧艺人章遏云来到天津献艺，一曲《汾河湾》名震津门曲艺界。为加强宣传，周瑟夫为其拍摄了肖像。1928年11月，当红电影明星杨耐梅来到天津，为其新片《奇女子》进行宣传，天津《北洋画报》派出拍摄这位影视巨星风采的御用摄影师就是周瑟夫。照片中的杨耐梅或婀娜妩媚、或巧笑倩兮、或亭亭玉立，姿态各异，风情万种，令当年的天津时

尚青年为之疯狂。周
瑟夫聚焦的对象并非
只有美女，日光暴晒下
挥扇的老僧，著名牙医
黄子濂，身着戎装赴日
观操的张学铭，都是曾
经出现在这位摄影师
镜头中的人物。

周瑟夫拍摄的天津英租界跑马场冬景

优秀的摄影师常
常以纪录历史真相为
己任，周瑟夫也不例外。1928年3月，为庆祝天津自动电话开通，《北洋
画报》策划了名为"天津电话之过去、现在和将来"的专题，周瑟夫作为御
用摄影师，拍摄了大量反映天津电话事业发展情况的新闻照片。1928年
6月3日，原中华民国大总统黎元洪在天津病逝，出殡时，周瑟夫作为随
行记者，全程拍摄了隆重而盛大的殡葬场景。1928年6月4日，奉系军阀
首领张作霖乘坐列车返回沈阳，途经皇姑屯车站附近时，被日本人预埋
的炸药炸死。消息一出，举世震惊，为抓拍头条，周瑟夫赶往沈阳，6月
16日，其拍摄的《沈阳奉张列车被炸后之景况》的4组时事写真图片见诸
《北洋画报》，为后人见证这一历史瞬间留下珍贵影像。

越过身世之谜，周瑟夫镜头下留存至今的万象百态，让人们记住了
一个享誉津城的优秀摄影师，也记住了百年前天津流行的那股照相潮。

芳廷打下芭蕾舞基础

《天鹅湖》是芭蕾舞中最经典的剧目。1964年10月,在奥地利维也纳剧院舞台上,史上最强《天鹅湖》诞生了。本场演出中,男主演努里耶夫和女主演芳廷在观众的热烈掌声中先后谢幕多达89次,创下了芭蕾表演史上"前无古人"、后也未必有来者的惊人之最。最强《天鹅湖》的背后,藏着天津的艺术之魂。

45岁,对一个女舞者而言,年龄并不占优势,但作为英国皇家芭蕾舞团的台柱,45岁的玛戈·芳廷,还是赢得了观众雷鸣般的掌声。不错,她技术娴熟、动作流畅、姿态优美、情感细腻,在她那富有雕塑感和音乐感的表演中,人物形象在举手投足的顾盼神飞间饱满起来,观众们为小天鹅风花雪月后的玉碎珠沉而叹息,同时感受到芭蕾之美。

芳廷舞姿轻盈,善于将音乐和舞蹈融为一体,被公认为是20世纪欧美最伟大的"芭蕾伶娜"。芳廷的实力离不开她炉火纯青的招牌绝技——足尖功夫。芭蕾舞演员靠足尖功夫争天下。她曾以单立脚尖二十几秒的成绩,创造过同期芭蕾女演员的"世界纪录"。1956年,她因在芭蕾舞方面的艺术贡献而获得"女

芳廷表演芭蕾舞的舞台照

爵士"称号,并担任英国皇家舞蹈学院名誉院长,这很大程度上就得益于她那十分了得的足尖功夫,而她的足尖功夫,则是的中国天津打下的童子功。

俄罗斯芭蕾是世界芭蕾舞五大流派之一,充满艺术气息的俄罗斯是一个擅长芭蕾的国度。1917年十月革命后,大批贵族俄侨逃难中国,天津也成为俄国侨民聚居的城市。在这些侨民中,不乏优秀的芭蕾舞者,他们将芭蕾这项高雅的艺术连同对故乡的思念,一起带到了文化多元的北方都市天津。天津也摇身一变,成为中国芭蕾舞起步较早的艺术中心。新文化运动后,中国人对西方的学习和模仿兴趣达到高潮,对芭蕾这一比较"高大上"的艺术形式也开始投入关注和热情。学习芭蕾舞、观看芭蕾舞成为品味高雅的人们追赶潮流的风尚。20世纪30年代前后,作为被天津媒体人称为"姿势舞"的芭蕾,可能没有舞厅中的玉腿舞香艳,没有埃及舞妖娆,也没有美国舞豪放,但是它无疑是最优雅的。1934年8月,在以记录都市风尚著称的天津《北洋画报》上,芭蕾舞以"姿势舞"的名称被宣传出去。

20世纪20年代,生于英国萨里郡赖盖特的佩吉·胡卡姆师(芳廷原名)随父母来到天津居住。幼年的芳廷就表现出在艺术方面的天赋和对舞蹈的兴趣。当时在英租界小白楼一带,居住着一位著名的俄国舞蹈家沃伊腾柯夫人。芳廷的父母有意培养女儿的气质,便让她跟随沃伊腾柯夫人学习舞蹈。芳廷所在的小学叫"天津公学"(1934年改名"耀华学校"),这所学校是1927年由近代实业家庄乐峰在天津英租界创办的,因为学校隶属于英租界工部局,所以根据英国传统,最初命名为"天津公学"。

作为天津公学的早期学生之一,芳廷在接受文化教育的同时,也跟随名师学习芭蕾舞。在天津生活过17年的爱泼斯坦证实:"在天津的音乐和艺术教育方面(包括钢琴、小提琴、舞蹈),俄国教师可以说是包揽了全局。'天津公学'英国女生佩吉·胡卡姆师从俄国老师沃伊腾柯夫人学习芭蕾舞,后来以'芳廷'的艺名享誉全球。"

1934年，15岁的芳廷返回英国，后进入伦敦圣德勒·威尔士芭蕾舞学校进行专业的芭蕾舞学习。1939年她因成功主演舞剧《吉赛尔》成为英国的芭蕾明星。1940年5月，芳廷所在的威尔士芭蕾舞团到荷兰访问演出。17日晚，在阿纳姆进行演出时，当时已经进入阿纳姆音乐学校开始正式接受芭蕾舞课程训练、后来成为一代影后的奥黛丽·赫本也在观众之列。芳廷等芭蕾舞星的精彩演出，让小赫本陶醉于芭蕾舞的优雅之美中，诞生了想成为一名优秀舞蹈演员的念头。演出结束时，穿着漂亮长礼服的赫本还向芳廷献上了一束红色的郁金香。

　　1946年，芳廷因在伦敦皇家歌剧院成功演绎舞剧《睡美人》中的阿芙罗拉公主，确立了在英国芭蕾界首席芭蕾演员的地位。这位在天津打下芭蕾舞基础的舞者，成为世界艺术舞台上一颗璀璨的明星。

孙竦的漫画学生时代

1959年，一部名为《青春之歌》的电影，作为新中国成立十周年的献礼，登上新中国各大影院的荧幕。这部根据女作家杨沫的长篇小说改编的同名电影，是新中国第一部正面表现知识分子的影片，它一经放映，就造成了轰动效应。导言崔嵬、陈怀皑火了，主演谢芳、于洋火了，但是，服装设计孙竦，却藏在了幕后。

提到孙竦，人们多会说她是农业经济学家、翻译家、科技情报专家叶笃庄的妻子，但实际上，她的一生并未完全消解在丈夫的光环里。孙竦出生于1913年，江苏无锡人，又名孙从耳，笔名左拉。20世纪20年代进入天津南开女中就读。年轻时的孙竦光芒万丈，她是天津南开女中的校花级人物，也是才貌双全的新女性典范，会画画、爱运动、活泼开朗、浑身

南开女中篮球队合影（前排最左边为孙竦）

散发着青春的魅力。晚年的叶笃庄这样回忆他美丽的妻子:"我正式认识孙竦,是在南开中学高二,即1932年。在此之前,我也见过她,她经常和王若兰、梁思懿在一起,所以人家管他们叫'摩登三女性'——当时有一个电影片名叫这个名字。孙竦还有一个绰号叫'辣子',因'竦'字像'辣',而且她的脾气也有点'辣'。在三女性中,她最漂亮,在南开女中,她也是数一数二的。"叶笃庄弟弟叶方实的女儿叶维丽也说:"我小时的记忆中,美丽的五娘脸上总带着些许苦意,表情不舒展。看了书,才知道她当年是天津南开女中'三个摩登女性'之一,是个艺术女青年和性格果敢的'辣子'。"

20世纪30年代初期南开女中有名的摩登女性,远不止三位。有代表性的,除了孙竦、王若兰、梁思懿外,还有郑念和陈蔼明。王若兰是女学生中的积极分子,后来改名康英从事革命活动;梁思懿是梁启超的三女儿、曾任中国共产党外围组织"中华民族解放先锋队"大队长,著名的社会活动家;郑念是定居天津的北洋政府东北海军司令秘书长姚秋武的女儿,《上海生死劫》的作者、著名作家;陈蔼明也是女学生中的翘楚,后来积极从事革命活动,是民进成员。孙竦和这些摩登女性交往密切,成为朋友。她们受到五四运动后妇女解放思潮的影响,她们穿着入时、观念开放、追求进步,有浓烈的爱国心,渴望摆脱性别歧视,对祖国、对社会做出一份贡献。不论在南开学校开展的各项活动中,还是在各种社会组织举办的公益事业中,她们都努力展现女性回报社会的风采,成为那个年代天津校园中的一道风景。

几位摩登女性各有各的特点,各有各的擅长,孙竦的特长是画漫画。清末民初,各种通俗美术发展迅速,带有娱乐性和俏皮特征的漫画作为一种艺术形式,在中国人特别是年轻一代中流行起来。孙家是艺术世家,包括孙竦在内的孙家几位成员后来都在中国文艺界留下了踪迹。秉承家族传统,在南开读书期间,喜爱造型艺术的孙竦参加学校的美术社团,与同好切磋,其漫画作品一次次见诸天津的报刊。

这些漫画不仅体现了她的才情,也体现了她的人缘和见识。她与老师同学关系融洽,学生会主席郑念穿着风衣的样子很有范儿,学校啦啦队队长严仁颖为赴华北运动会专门定制了一套新西装,同学中的体育骨干张锡祜投考航空学校穿上了军装,她都专门绘制了漫画,表达赞美和祝贺。她关心时政,1931年的经济危机导致国内财政紧张,她画了一幅讽刺漫画,画中,光头的蒋中正穿着土棉袄从金融界这个自来水龙头给财政部放水,龙头拧开了,水却滴不出来,她为这幅画起名《水管

孙竦画穿军装的张锡祜

孙竦画穿西装的严仁颖

子冻了》。1932年,国联应国民政府的请求,到中国东北"调停"中日冲突,10月2日,《国联调查团报告书》在东京、南京和日内瓦同时发表,报告书虽然肯定东北是中国领土的一部分,主权属于中国,对事变经过和伪满洲国也有某些公正和客观的叙述,但是总体上模糊是非、界限混淆,暴露了西方强国对日本侵略中国东北的绥靖态度。孙竦画了一幅漫画,表达了心中的愤懑与无奈:一只在鸟笼里喳喳叫的鸟代表中国,一个叼着雪茄烟斗的老头代表国联,烟斗里装的是"文章"二字。九一八事变后,面对中国政府的不抵抗政策,她画了一个被日本军旗倒吊起来的中国人代表东北同胞,下面有一群开会政客的身影,以《开会如蚁》为题讽刺当政者的无能。她同情老百姓,面对中日开战这一让老百姓揪心的时局,她以一个手拿体温计、泪流满面的护士来代表老百姓,表达了对民生疾苦的同情。她看不惯官员的懒政行为,针对政府官员游手好闲的现象,她画了一组大腹便便的官吏做出各种不合理行为,予以抨击。从这些留存至今的漫画中可以判断,她是一个有情有义、爱憎分明、关心国家命运的爱国青年。

她泼辣而又高傲,这样的性格吸引了许多男同学的暗恋,其中包括

叶笃庄、孙竦和子女们

天津大实业家叶家的公子叶笃庄。20世纪30年代的天津南开女中和男中，高中有几门课程是男女合班的，上课需要提前占座。在一次占座时，被同学们称为"圣人"的叶笃庄第一次见到了孙竦，从此对她深深着迷。叶笃庄曾细致地忆述自己一见钟情的过程："当我入座后，竦跟着进来了，夹着书包站在那里问道：'我叫孙竦，你叫什么名字？'语调有点不客气，是居高临下的态势。这时，我心慌了，脸涨得通红，口吃地回答：'我叫叶笃庄。'一边说一边心里怦怦跳。这时班上的同学们起哄了，喊着：'圣人（我的外号）烧盘（脸红）了！'于是我就更不好意思了。可是当我看竦时，她还是镇定自若，若无其事，连看都不看我一眼就坐下了。然后她把书包打开，拿出课本来并不看我地问：'讲到哪里了？'我赶紧回答讲到何处了，顿感受宠若惊。"为了得到心上人的好感，叶笃庄改了习惯，不午睡了。因为他睡觉时有流口水的毛病，而孙竦就坐在他旁边，他怕露丑，不敢睡。实在忍不住有睡意时，他就拧大腿，防止睡着。

从南开女中毕业后，孙竦到日本东京女子美术专门学校西洋油画系学习。1938年回国，她踩着高跟鞋去江苏参加了新四军，拿起画笔，绘制了大批宣传抗日的佳作。

黄二南开创画作新门类"舌画"

20世纪30年代,天津市民艺术兴趣渐浓,社会上掀起了举办美术展览和美术表演的热潮。在这股热潮的推动下,黄二南的舌画技艺为天津大众所熟知。

关于黄二南的生平经历,各种史料说法不一。黄二南,又名黄辅周,生于1883年,是南社成员。根据1912年4月20日他向南社提交的入社申请书,后被录入柳亚子主编的《南社纪略》附录《南社社友姓氏录》记载,"黄喃喃,天津人"。黄喃喃是黄二南早年在日本留学期间的别称。在日本期间,他以慷慨、侠义、诙谐的性格,在留学生中博得大名,有"爱喃喃,敬喃喃,想慕喃喃于不置"的

黄二南

顺口溜流传。从日本回国后,他曾组织"自由剧团",演出新剧,宣传共和。为表彰他对新剧的贡献,孙中山特别题写了"戏剧革新"四个大字送给他。

黄二南以演戏成名,以画画著称。1929年,辞官居津的黄二南搞起了大写意山水画的创作,拾起中国传统艺术中已中断许久的"舌画"艺术并进行了大胆创新。1931年2月2日,在好友吴霭宸位于天津的求志庐中,黄二南表演舌画,著名报人吴秋尘受邀前往参观,并生动记录了黄二南作舌画的过程:"画之先,铺素纸,或素绢于长案上,四角缯之以钉,恐其动也。瓷皿二,盛自磨古墨,色不甚浓,一盛上高白干,味极烈。黄君去长衣,先进酒一大口,咽之,复吸墨汁入口,量与酒垺。既吸墨,便俯首纸上,吐之若不经意,初仅见不成规矩之墨线而已,或竟片片点点漆黑一

171

团,不知所画为何物。但见头摇动案上,墨出舌底,不一瞬间,若花,若叶,若干,若人物山水,无不一一如生。"吴秋尘见过许多画家,观摩过许多名画,他对黄二南的舌画给予极高评价:"有笔在手者,当愧不如也。其作画虽只用一舌,而全身实皆与有力:腕之一支一屈,足之一进一退,发之一拂一扫,唇之一翕一阖,莫非笔致,是固一整个的自来水笔也。"

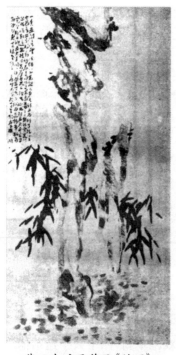

黄二南舌画作品《竹石》

1931年2月9日,黄二南在天津市立美术馆国画展览会开幕之机,进行"舌画"表演。虽然当天大雪纷飞,来宾只有30多人,但他还是表现出专业精神,"画前饮酒少许,藉避墨臭,首作荷花图,墨纵观绢上,顷刻立就"。黄二南推广"舌画"艺术的努力获得了社会极大认可,同年5月,享有国际知名度的国画大师徐悲鸿来天津时,曾与黄二南切磋画艺,互赠画作,并合作绘制巨型画作一幅。随着影响力日增,黄二南的画作也出现了在市面上供不应求的情况,《北洋画报》刊出消息称:"舌画家黄二南君,因事务繁忙,天气炎热,友朋求画者过多,不堪其苦,顷由友人代定润格,以示限制,一尺六绢每三尺价洋二十元,多者类推,前日在本报第一次作画,共售出至八幅之多。"

1932年4月4日,黄二南应德国柏林博物院东方部部长雷兴博士邀请,赴北平万国美术院表演"舌画",并演讲"舌画"历史。然而,在演讲过程中,发生了一则因翻译失误而引发的笑话。由于在座观众以外国人居多,黄二南专门请了一名英文教员担任临时翻译。当黄二南讲道,他做"舌画"本来只能画竹石,1931年中国大水灾期间,筹赈者基于义捐助赈的考虑,让他拓展画路,他才开始突破"舌画"局限,实现了什么都能画的

黄二南舌画作品《山水》

飞跃。但是,这个表述到翻译的口中却变了味儿,变成1931年中国大水灾,筹赈者让黄二南绘水灾状况,黄就学会画水灾状况了。在场的外国观众听了这段口译,纷纷抬头在墙壁上张贴的黄二南舌画作品中寻找水灾的图像,但黄二南的画作都是山水花卉,弄得这些外国人"面部皆呈莫名其妙之感"。在北平万国美术馆演讲的当天,黄二南接到了一通来自济南的电报,内容是要定购他的"舌画"中堂作品一幅、屏幅两幅。

1948年3月26日,天津《益世报》对3月25日的第七届美术节盛况进行了报道,中华全国美术协会天津分会在罗斯福路中原公司六楼举办的书画展览会及纪念大会上,黄二南致辞。在展出的500多幅共九种书画作品中,"舌画"占据其中之一,"舌画"家黄二南进行了即兴表演,"参观民众围看后,均赞叹不绝,为大会生色不少"。

黄二南很谦虚,并不承认"舌画"为自己首创,只是说"舌画古已有之,第非千百年不出"。对于自己继承创新的这项独门绝技,黄二南曾对友人开玩笑说:"卖笔的当然恨我,因为我舌可以画,指可以画,不用舌指,杯盘亦可以画,单单的就和卖笔的过不去。"对于舌画中包含的苦功,他说:"舌之作画,纯属气功","舌画真难,一是墨含在嘴里,不能出气;二是眼擦在纸皮,看不见;三是脑袋摇起来,要头晕。这真是气功之一种,快趁年轻画画,老了便没法画了。"

沈亦云爱"家政"

　　1906年创办的北洋女师学堂，是中国第一家官立女学。这所以培养新女性为目标的学校，将传统中家庭妇女专心研习的女红，纳入课程体系。从这所学校走出的早期知识女性，也在潜移默化中，带着对缝纫和烹饪等生存技能的科学认知，将做家务作为平生的乐趣所在。革命女侠沈亦云就是其中一位。

沈亦云

　　沈亦云生于1894年，是浙江嘉兴人。1906年2月21日，慈禧太后面谕学部，实行女学。直隶总督袁世凯授意天津女学事务总理傅增湘，选址天津河北三马路三才里西口，在北洋女子公学基础上，创办属于中等师范性质的北洋女子师范学堂。学堂建成，傅增湘将速成一百名小学教员作为办学目标，招收有文化根底、读过新书、20岁左右尚未成家的女子入学。但招生工作并不顺畅。因为许多人受传统观念影响，不愿意把女儿送到新式女学接受教育，加上"读书的女子甚少，读过新书的更少，二十岁而尚未成家的少之尤少"，30多岁的少年翰林傅增湘不得不采用了远道招生、异地借才的方式，于是远赴上海招生。年仅12岁、女扮男装、穿件白洋纱长衫给姐姐送行的沈亦云，被傅增湘破格优待，来到天津参加了入学考试，考入程度较高的甲班。

　　1917年，北洋政府府院之争闹得沸沸扬扬时，沈亦云和丈夫黄郛来到天津定居。之所以选择天津，一方面是由于学生时代在天津，这里同学故旧很多;另一方面是因为妹妹沈性元正在天纬路的直隶第一女子师范学校读书,当时北洋女师几经易名,已改为直隶第一女子师范学校。沈亦云这样说起这个定居理由:"我的妹妹性元亦到天纬路女师读书,她的年级为第十五期。教师中有我的同学,我去访同学且接妹妹,差不多每星期到天纬路一次,而我卜居天津最早的理由,亦即为与天津有过这段历史。"

来天津后,黄郛、沈亦云夫妇先住在同学陆幼峰任校长的天津竞存女学,后在朋友唐少莲的建议下,在意租界选了一排两楼两底半独立的小洋房,以月租70元的价格租住下来。房子并不豪华,但门前有块小空地,后面有厨房,还有自来水浴室,倒也满足了小两口闭户读书的需要。

沈家姐弟性元、性仁、沈怡(右一)与性真(沈亦云)、黄郛(右三)、陶孟和(右二)合影

沈亦云在北洋女师读书的年代,虽没有"家政系"的专业称谓,但学校设置了教授缝纫、绣花、编织等基本家务技能的"女红"科目。具体教学内容包括做枕头套、沙发靠垫、抽纱手帕、台布等。名称虽沿袭了传统,但这不是为了培养贤妻良母而开设的课程。校方注重将培养新型女性师资和兼顾家庭的合格主妇这一理念融入教学过程中,重在使女子通过家务技能的学习,养成独立、自尊、自爱、自强的思想。

沈亦云一家在天津一住就是三年。黄郛的工作主要是著书立说和

175

从事在野的政治活动。作为妻子，沈亦云担当起"包书伙计"和全职太太的角色。沈亦云节约、爱整洁。在意租界小洋楼里，她将从上海搬到北京，又从北京搬到天津的几件旧家具清理一番，五件从上海旧货店购来的小型黄杨木弹簧椅，摆放在了客厅里。两把有厚木棉垫、套着黄卡其布套的橡木藤心大靠背椅，则成为客厅中最舒服的座位。小小的房间，一下就充满了生气。她精心布置的房间，获得了包括妹夫陶孟和在内的客人们的一致好评。1917年，沈亦云的二妹沈性仁与土生土长的天津人、时为北大教授、后来的著名社会学家陶孟和结婚，住在北京北新桥小三条胡同，新婚的陶沈夫妇时常回天津，看望姐姐姐夫。据沈亦云回忆，陶孟和第一次到他家时，也和其他初次到访的客人一样，忍不住赞叹："这是你们客厅？"

天津意租界禁赌严格，家庭打麻将也在禁止范围，这倒让沈亦云省去了不少交际应酬之苦，她把更多心思花在自己喜欢、又健康积极的家务劳动上。她给全家人做衬衣、鞋袜，能用巧手凭空剪出当时最流行的尖口鞋样，被人当专业老师请教。她靠做手工定心养性，渐渐将其作为一种习惯和爱好。她用电熨斗熨烫旧绸袄，来测试家里电费多是不是因为电表转得太快。她学做绣花鞋，被朋友看见了，博得了能刺绣的美名。对于做家务方面的口碑，沈亦云曾谦虚地称自己"低能而竭力好弄"。但她也觉得在从事这些"得不偿失和不虞之誉"的家务技能中，收获了"耐得住闲，不怕寂寞"的好处。

在天津生活期间，沈亦云还学着与音乐为伴，她买了留声机和老生刘鸿生的唱片，没事儿就听。一张《斩黄袍》的唱片，在唱机转盘上反复播放，被她听到烂熟，她还试着学了笙箫，只因兴趣不浓，没坚持下来，最终没能学会。

晚年，沈亦云将这段在天津生活的往事写入她的《亦之回忆》，字里行间都透着在生活中磨砺出的广博见识、丰富内心，以及持久的喜悦。

书香学问有情调

丁文江在出租房中做学问

被傅斯年称为"新时代最良善最有用的中国人之代表"的丁文江，是中国近代地质事业的开山鼻祖。他曾是梁启超的英文老师，被李济、蔡元培、翁文灏、胡适、傅斯年、罗家伦、朱家骅等20世纪初年的中国文化大腕儿予以高度好评，被公认为是讲究科学和完美人格的化身。1921年，这位中国近代史上典型的百科全书式的人物来到天津，过了一段租房做学问的生活。

大学时代的丁文江

丁文江是凭借苦学精神成长起来的一代学人。1887年，他出生于江苏泰兴一个书香世家。早年东渡日本，后以优异成绩考入英国最高学府剑桥大学。1913年，他与章鸿钊共同在北京创办了中国第一个专门从事地质研究和培养地质人才的机构——农商部地质研究所。中国第一代地质工作者多出自其门下，丁文江由此获得中国早期地质学界第一号领袖的学术地位，被尊称为中国地质事业奠基人。

丁文江家庭负担很重，而他本人又是一个极具人格操守的人，在大家族中承担着大家长的角色。丁文江的父亲丁祯祺生有一女七子，丁文江是老三。丁祯祺不到五十岁就去世了，甩下一大家子妻儿老小，丁文江接过养家的重担，用自己赚取的有限薪水支持着家族成员生活、读书等开销。丁文江的弟媳张紫珊曾颇为感激地说："我们老太爷作古时，四五六七几位兄弟全在稚年，那时二哥也才出来做事。但他毫不迟疑地负起责任，一个个带在身

179

边教养,他的护持是为父兼母的。"

1911年,丁文江与史久元完婚。史久元性格随和、待人真诚、周到礼貌、和蔼可亲,持家也很有条理,堪称传统的贤惠妻子的典范,但是她身体不好,长年生病。傅斯年说丁文江对史久元的关爱:"他之护持她,虽至新少年的恩爱夫妻也不过如此……她不断地病,在君便伺候了她二十多年的病,不特做她的保护人,并且做她的看护生。"夫人的病体时刻提醒着丁文江要努力赚钱养家。

在北洋政府农商部工作期间,丁文江结识了时任农商部次长的刘厚生并成为朋友。1921年,刘厚生和京奉铁路局交涉,成立官商合办的北票煤矿公司,资本为五百万元,官股四成,商股六成,公司办事处设在天津意租界,刘厚生自任董事长。因为丁文江办事能力极强,刘厚生便邀请丁文江出任总经理。因地址调查所的薪水终究不够负担一大家子的开销,丁文江便答应了刘厚生的邀约,辞了地质调查所所长的职务,来到天津专办北票煤矿事宜。

20世纪一二十年代,在政局动荡和实业发展中,有大批遗老政客名流寓居的天津,掀起一股地产投资热,房价地价水涨船高。在严峻的住

天津意租界广场

房压力面前,租房和借住成为一些在天津谋职人士居住方式的首选。初来天津的头一年,为了专心工作,丁文江没有带家眷,而是和时在华北水利委员会供职、同时兼任《密勒氏评论报》驻华北副主笔的董显光一起,在意租界三马路13号租了一个通楼作为寓所。

由于天津房租高,丁董二人租赁的通楼面积不大,在中间隔为两间,董显光住后间,丁文江住前间。董显光和丁文江同岁,这两位时年35岁的有志青年,在一种基于理解的默契和互相激励之下,每天忙得不可开交。董显光每周要替《密勒氏评论报》写两万多字,每天从水利委员会回到住处,便埋头对着打字机写文章到深夜。丁文江租的房子离煤矿公司不远,他用闲暇时间做学问、搞研究、写文章。董显光忆及丁文江和他共同租房的生活道:"在君也和我一样,不爱看电影,也不爱交际。煤矿公司的事务办完,便回到寓所来,忙着翻译各种中外典籍。"

因为大家都太忙,谁也没有时间做饭,丁文江和董显光雇用了一位名叫延升的华北水利委员会工友,替他们准备早点和晚餐。丁文江爱吃烧肉,董显光也不排斥这道菜,于是烧肉就成了两位血气方刚的热血青年补充能量、满血复活的不二之选。董显光忆及这段大口吃肉的生活时说:"我们吃得非常简单,只是一菜一饭。在君爱吃黄豆烧肉,这个菜,我们同住在一起的一年中,几乎成了我们每天所必有而仅有的菜肴。"

出生于天津的社会学家陶孟和,曾经评价丁文江,说其是"学术界的政治家",此言不虚。丁文江许多颇有建树的思想论著,就诞生于在天津任职期间。据董显光回忆,丁在出租房中写过一本关于过去五百年中国宰相籍贯考据的著作,得出结论称,中国宰相出生于南方的占最多数,而其中尤其以籍隶江苏省北部的为多。董显光起初不理解,开口劝丁文江,不如把这些研究学问的时间拿去找金矿银矿。可是,丁文江却很认真地说:"世界上最重要的是人事,而不是物质,如果我找到金矿银矿,而不了解人事问题,那金银仍将被偷盗以去,弄得更糟。"

丁文江偶尔会把读书心得如"山海经"般地讲给董显光听。在董显光看来,丁"中文、英文和德文造诣都极深,而治学的范围又极广,因之,天文地理无不通晓",是个名副其实的博学之才。在丁的激励下,1926年2月,董显光在天津办成了影响力仅次于《大公报》《益世报》的第三大报《庸报》。

不只与丁文江同住的董显光,20世纪20年代初期远在欧洲留学、后来曾任国立中央大学、清华大学校长的罗家伦,也对丁文江的才学敬佩有加。1922年至1923年间,在英国伦敦大学读书的罗家伦,偶尔读到丁文江的政论文章,当时便觉得作者"思想的清晰,笔锋的犀利,字句的谨严,颇有所向无敌之概。"五四运动时期,罗家伦和傅斯年同为学生运动领袖,动员能力很强。1925年上海五卅惨案发生后,国内学界人物给罗家伦发了一封三千多字的英文长电,期望罗家伦以学生身份,充分发挥游说各方的特长,争取欧洲友人的同情。当时,罗家伦正在整理国内有关五卅惨案的情况介绍。他发现多数国内的来电,感情发泄色彩重,缺少对于事件真相平静的叙述和法理的判断,而这份由丁文江起草,胡适、罗文干和颜任光共同署名的电文则不同。罗家伦高度评价这份材料:"以很爽朗锋利的英文,叙说该案的内容,暴露英方军警的罪行,如老吏断狱,不但深刻,而且说得令人心服。每字每句不是深懂英国人心理的作者,是一定写不出来的。"后来,罗家伦将这份文件印了五千份,加上一个名为《中国的理由》(*China's Case*)的题目,分送英国朝野,终于争取到工党议员在英国议会为中国说话。

傅斯年借住英敛之家读书议政

　　清末民初,科举制度废除,新式学堂兴建。在北方大都会天津,首沐现代教育之风的一批爱国青年,怀抱"家事国事天下事"的宏大责任,开启了一段观大事、议新政的畅意人生。1910年前后在天津府立中学堂上学的傅斯年,就追赶上了这波满怀爱国情怀和民族情结的摩登潮流。

　　傅斯年,字孟真,1896年出生于山东聊城一户破落的官宦门第。傅家是聊城的名门望族,世代书香,傅斯年的七世祖傅以渐,是清顺治年间的状元,官至大学士。到了傅斯年的祖父傅淦这一代,便呈现出家财日减、生活质量大不如前的没落之象了。傅斯年的父亲傅旭安年轻时曾帮过一位叫侯延爽(又名侯雪舫)的寒门子弟,侯延爽幼年丧母,当时正在聊城一家商店做学徒,在艰苦的环境中他仍能痴心读书。关键时刻,傅旭安伸出援手,向后者提供了学费资助。

傅斯年

　　傅旭安的作为应了"积善之家,必有余庆"这句古语。1904年,傅旭安执教东平龙山书院期间死于任所。这一年,傅斯年只有9岁,他的弟弟傅斯岩刚刚出生7个月,一家人的生活顿时陷入窘境。此时,因傅旭安雪中送炭而获得读书机会的侯延爽,已经高中进士,博取功名,被清廷委以重任,官封刑部主事。1908年,当事业有成的侯延爽回家省亲时,才知道恩师已故。悲痛之余,恩师一家凄凉的境况,激发了侯延爽庄严的使命感,他决定全力帮助傅斯年兄弟长大。

当时的傅斯年已经在九乡十八里博取了文名。傅斯年的学生,20世纪30年代在国立北京大学读书的山东临邑县人、后来的宋史研究专家邓广铭忆及恩师的时候说:"我在家乡读私塾的时候,就听有人说,聊城有个傅斯年,是黄河流域第一才子……在我们那偏僻的乡村里都有不少人知道他的名字,我也很崇拜他。"

对傅斯年进行一番观察后,侯延爽产生了带这个被乡里小孩拜为偶像的"黄河流域第一才子""继孔圣人之后两千年来又一位'傅圣人'"去大城市读书见世面的念头。侯延爽返京路过天津时,同天津《大公报》经理英敛之、傅淦的学生孔繁淦等几位朋友见面,专门谈了傅斯年的情况。几位学人一起观摩了侯延爽随身携带的几篇傅斯年的大作后,力劝他把这个聪明的孩子带到天津来,让他接受新式教育,并表示愿意提供方便。于是侯延爽又从天津返回聊城,征得傅淦和傅母的同意,将傅斯年带出聊城。

1908年冬,13岁的傅斯年离开衰败多时的"相府",来到北方最大的通商口岸城市天津。1909年春,在侯延爽的帮助下,傅斯年进入天津最早的官办中学——府立中学堂(后来的天津市铃铛阁中学)就读。学堂

天津府中学堂师生和官员合影

创始于1901年,本来是私立,到1902年都统衙门结束后,地方行政大权交还中国,天津地方官署重新恢复。经过地方人士与政府协商,1903年春学堂被移交到天津知府衙门,改为官办,并更名为"天津府官立中学堂"。这所被人们习惯称为"官立中学"、学生多为官宦人家子弟的官办学校,较早实现了中西教育的融合。据分别于1921年和1926年在该校就读的刘家猷和汪桂年在回忆文章中介绍,学校开设有英文、汉文和体操课,英文是教学的一大特色,英文教员和中文教员之间,常常因教学理念产生争执。在这所以速成方式培养英文人才为特色的学校,傅斯年打下了日后考取官费留学生负笈欧洲留学的英文功底。

初到天津时,傅斯年住在孔繁淦家。孔繁淦是傅淦的学生,和傅家有交情。时任直隶高等审判厅推事的孔繁淦,不仅是曲阜孔子世家的嫡系后裔,还是京师大学堂监督劳乃宣的大女婿。因为住处与学校距离较远,傅斯年不久搬到《大公报》创始人英敛之家小住。当时,学生宿舍尚未建成,傅斯年便成了英家为期几个月的座上宾。傅斯年有一句名言:"一天只有二十一小时,剩下三小时是用来沉思的。"在英家时,傅斯年就表现出善于思考的智者性格。英敛之也是幼年孤苦,很体谅"寄人篱下"的苦楚,闲暇时,便和傅斯年一起聊天。英是提倡变法维新、反对顽固守旧和封建专制的旗手,傅也是有思想、有见解的热血青年,二人经常就民族存亡和时政要闻展开深入交谈。在思想的火花互相撞击中,年龄相差近30岁的英傅二人成为论友。

傅斯年在英家借住期间,英敛之的小儿子英千里年仅9岁。这位后来的辅仁大学校长回忆起这一段往事时写道:"住在我家的时候,我同他(傅斯年)并不很亲密,因为在我一个九岁的顽皮孩子的眼里,看这位十四岁的傅大哥是个魁伟而庄严的'大人'。他每天下了学除了温习功课外,就陪着先父谈论一些中外时局或经史文章,绝不肯同我这'小豆子'玩耍或淘气,所以我对他只有'敬而畏之'的心理,虽然经过了四十年,我还没有完全撇掉。"傅斯年自幼体格高大,他曾自嘲:"我以质量乘速度,产生一种伟大的动量,可以压倒一切!"生性好动且家庭环境优越的英千里,因为年龄太小,无法理解体格威猛的傅斯年胸中深藏的抱负。

　　傅斯年在天津求学期间,侯延爽不仅在经济上全力支持他,而且从精神上也非常关怀他。这位后来参加辛亥革命、民国成立后当选中华民国临时参议院议员、出任过哈尔滨中国银行行长兼海关总督官员的进步人士,不仅经常写信给傅斯年,有机会路过天津也一定会停留探望,教诲傅斯年多学新知识,关心国家与社会。傅斯年对侯延爽的恩情终生感念,成年后曾对人说:"我家非侯公无以有今日。"

　　1913年夏,在接受了四年新式教育后,傅斯年从天津府立中学堂毕业,考取北京大学预科乙部,1916年秋升入文科国文门。天津期间的读书议政生活,在傅斯年人生道路上,构架了一个攀登的阶梯。

谢葆璋除夕看书挨重罚

作家谢冰心的父亲谢葆璋,是北方近代海军院校天津北洋水师学堂的首批学生之一。在北洋水师读书期间,他痴迷读书,曾因除夕看书而受到教务主任严复的重罚。

翻开谢葆璋的履历,他的事业轨迹主要包括:在李鸿章主持的北洋水师做过枪炮官,在烟台海军学校创办伊始当过校长,也在中华民国临时政府海军司令部担任过参谋官。

1881年,由李鸿章提议创办的北洋水师学堂开始了首批学生的招生工作,

中年谢葆璋

招生是赴全国各地开展的。负责招生工作的人中,有1880年被李鸿章聘为"洋文正教习(教务主任)"、时年27岁的严复。严复借着招生机会顺带回了一趟老家,在福州城中,巧遇当教书先生的好友谢銮恩。谢銮恩有三个儿子,老大、老二都子承父业当上了教书先生,只有老三谢葆璋还处于待业状态。

严复见到了17岁的谢葆璋,觉得这个少年还勉强算是一块儿当兵的材料。经过一番具有酸腐味儿的测试后,谢葆璋跟随严复北上,成了北洋水师学堂第一届驾驶班的学生。冰心在自陈家族史时,谈及父亲的入校经过说:"在我父亲十七岁那年,正好祖父的朋友严复(又陵)老先生,回到福州来招海军学生,他看见了我的父亲,认为这个青年可以'投

北洋水师学堂

笔从戎’，就给我父亲出了一道诗题，是‘月到中秋分外明’，有一道八股的破题。父亲都做出来了。在一个穷教书匠的家里，能够有一个孩子去当‘兵’领饷，也还是一件好事，于是我的父亲就穿上一件用伯父们的两件长衫和半斤棉花缝成的棉袍，跟着严老先生到天津紫竹林的水师学堂，去当了一名驾驶生。”

在北洋水师这所被《光绪纪要》一书推崇为“开北方风气之先，立中国兵船之本”的学校中，驾驶专业学习的科目有国文、英语、地理、数学、物理学、天文学、航海学、海上测绘、绘图学、锅炉原理、轮机全书、鱼雷学、手工操作、操课等。除了带有体育锻炼性质的操课和部分动手性较强的实际操作，多数课程比较枯燥，而在教书匠家庭中成长起来、稍具古典文学修养的谢葆璋，在精神方面有着更多的文化需求。

作为为北洋水师培育专业海军人才的学校，北洋水师学堂的管理是十分严格的。“洋教习”严复心怀救国理想，立志从教学兴军入手富国自强，要求学生们以只争朝夕的精神努力学习军事本领，因此学生们不是每年过年都被允许回家的。对这个老友之子，他在生活上可以给予很多“关照”，但是在“作风”方面，绝不纵容。一年除夕，没能回家的谢葆璋躲在宿舍里，津津有味地翻阅罗贯中的《三国演义》，聊解思乡之苦，怡情新年之乐。不幸，此事被严复发现，处罚是严厉的：谢葆璋被罚站，沐浴凛冽的寒风，在宿舍院内的方桌上站了整整一晚上，以儆效尤。谢葆璋对女儿说：“记得有一年的除夕，因为我在宿舍里看《三国演义》，让我的老师、总教习严又陵先生看见了，罚我在院子里站在一张桌子上，整整地站了一夜，手脚都冻麻木，可是也一样地过去了。”难以想象年轻的谢葆璋穿着夹裤和很薄的棉袍，如何度过那个北方的极寒之夜，冰心听说这事

188

也很为父亲抱不平,觉得除夕应该是假期,《三国演义》也不是什么黄毒书籍,严教务长的做法未免太过。不过,在这种严格的军事化管理中,军人坚强的意志品格将被逐渐铸就。

在和谢葆璋一起接受锤炼的校友中,还有1883年入学、后来成为中华民国大总统的黎元洪,以及1891年入学、后来成为南开学校创始人的教育家张伯苓。谢葆璋很重视同学间一起磨合出来的情谊。黎元洪提任北洋政府副总统后,曾多次邀请谢葆璋到家做客,都被谢葆璋婉拒。1916年,反对帝制的黎元洪被袁世凯封为"武义亲王"软禁到中南海瀛台,谢葆璋冒着被当权者疑忌的风险,不顾瀛台的潮湿阴冷经常去看望黎元洪,并和他一起谈天、对弈解闷。冰心追忆了父亲的仗义:"黎元洪和我父亲是紫竹林水师学堂的同级生,不过我父亲学的是驾驶,他学的是管轮,许多年来,没有什么来往。民国成立后,他当了副总统,住东厂胡同,他曾请我父亲去玩,父亲都没有去。这时他住进了瀛台,父亲倒有时去看他,说是同他在木炕上下棋——我从来不知道父亲会下棋——每次去看他以前,父亲都在制服呢裤下面多穿一条绒布裤子,说是那里房内很冷。"

严复与叶祖珪、萨镇冰等合影

孙中山题赠张学良
"天下为公"四字条幅

孙中山先生善书法。被誉为诗书画印"四绝"的当代著名书画家余菊庵,曾评论孙中山的书法"沈雄宽厚,不暇装整,纯任自然"。1924年冬,应邀北上与北方军阀商讨国家建设问题的孙中山,在天津见到了23岁的年轻将领张学良,谆谆教导之余,手书"天下为公"四字匾额相赠,张学良也从此以"中山老友"自称。

孙中山题赠张学良的"天下为公"条幅

1924年12月4日上午,带着"主张召集国民会议"及"推倒军阀所赖以生存之帝国主义"等任务而北上的孙中山,抵达天津法租界美昌码头。当穿着"青呢马褂、丝呢面皮袍、漆黑皮鞋"的孙中山走下"北岭丸"号船,高举呢帽,向各界致意时,"孙中山先生万岁""中华民国万岁""国民会议万岁"的口号声,在码头上空不断响起。

这次来天津,孙中山住在位于日租界宫岛街的张园(现鞍山西道59号)内。电邀孙中山北上的主角之一、中国北方地区具有重大政治影响力的奉系军阀首领张作霖,在孙中山抵达天津的第一天即到张园进行了拜访。出于礼貌,同时带着与张作霖共同探讨包括东北问题在内的国家建设问题的热忱,同一天,孙中山携宋庆龄、孙科等人到曹家

190

花园进行了回访。

据1924年12月22日《广东七十二行商报》所刊《大元帅抵津后之言行录》记载,张作霖问孙中山:"先生对现在时局之收拾,合肥能当此任否?"孙中山答:"现在除合肥(段祺瑞)外,实无第二者可当此任。今后可全委诸合肥办理。"张作霖又问:"先生预定滞留北京为期几日?"孙中山答:"约两星期。"张作霖又说:"此后当赴北洋游历否?"孙中山答:"一俟时局稍定,即作欧美之游。"

由于在联俄和废除不平等条约问题上产生分歧,孙张谈话并不顺利。尽管没有就相关问题达成共识,但张作霖却对毕生致力于民主革命事业的孙中山产生了钦佩之情。第一天会面结束后,张学良曾征询父亲对孙中山的看法,张作霖说:"人家都说他是孙大炮,我看他一点也不大炮,此人确与众不同。"12月4日下午,天津市各机关团体在法租界国民饭店内,为孙中山开欢迎大会,参加者100余人。因受凉肝病发作,孙中山没能亲自出席,派了汪精卫和孙科作为代表出席欢迎盛会。席间,张作霖意犹未尽,不忘嘱咐汪精卫:"我以前以为孙先生是一个什么难说话的人,今天才知道他原来是一个温厚君子。只是北京各国公使都不赞成孙先生的,大概因为孙先生联俄呀!你可否请孙先生抛弃他联俄的主张?我张作霖身上包管叫各国公使都和孙先生要好的。"张作霖毕竟是一介武将,只能用粗犷爽直的承诺表达出对孙中山以国家大义为重的高尚人格的尊重。

从曹家花园回来后,孙中山受凉得了风寒,一病不起。重病中,他见到了时任津榆驻军司令的张学良。此时的张学良,年轻有为、风流潇洒。德高望重的孙中山非常重视和张学良的这次会面,鉴于张家父子在政坛的威慑力,他尊称子侄辈的张学良为世兄,并用民族大义、共和统一等新思想对其进行了语重心长的谆谆教导。张学良提起这次病中谈话时说:"他病的时候我去过,我见到孙夫人也是那天。……我是晚上去的。""我见他时是他躺在床上病得很重的时候,他看着我,让我坐在他床边。""孙中山先生要紧的是跟我说了几句话,我到现在还记得，他说啊，现在国家的责任就在你们这些年轻人身上，在你们身上，而且，尤其是你们东北人，东北的年轻人！东北介于日俄两大国之间，你们很难应付。"实际上，孙中山对张学良的教诲远不止这几句。张学良离开大陆赴台湾后，一度捐赠给美国哥伦比亚大学几百封私函，在一封 1953 年 5 月 5 日给孔祥熙的信中，还忆述了孙中山卧床时对自己的训诲："你是个有为的青年，你不但要注意防患白色的帝国主义，更要防备红色的帝国主义，他们都是不可靠和不可信任的。我对你存有愿望，愿你勉之。"孙中山对"少帅"的印象也很好，觉得他是个可造之才。在天津养病的 25 天时间里，他的病时好时坏，但他不忘在病情稍微好些的时候，提笔写下"天下为公"四个大字赠送张学良。

张学良大喜过望，他命人将字裱起来挂在办公桌前的墙壁上，"天下为公"的题字后来在天津见诸报端。从这四字可以看出孙中山的书法浑厚方圆、自成一格，稳健如泰山、古拙如磐石、虎虎有生气，凝重中有一股浩然之气。孙中山的礼遇让张学良加深了内心深处本就具有的强烈爱国思想和民族责任感，同时对南方政权产生了好感。张学良后来讲到孙中山对他的影响时说："这个人说话我是很佩服的。他是一个很有头脑的人。……他的话使我很受感动，因为我也盼着中国统一。"

1926 年冬，冯武越对张学良进行采访，张的办公书架上除了摆放中西军事书籍外，还俨然摆放着孙中山的《三民主义》和《建国大纲》等著述，中山铜像也摆在公事案座、文件柜头很醒目的位置。1927 年 7 月 3 日，张学良受邀在北京中法大学讲演，讲演题目为《现代青年的使命》。为了让听众觉得轻松，张学良脱下军装、穿上白衬衣、打起条纹领带、套上黑底细白斜纹西装，换上了一身男学生通用的时髦装扮。他对学生们提出三点希望：一是"青年要有联合思想"，二是"青年要自觉"，三是"青年要言行一致"，可以说孙中山的教诲已浓缩于其中。

胡适访书木樨轩

1961年2月4日下午,查良钊陪同毛彦文、罗家伦夫妇、梅贻琦夫人韩咏华,前往胡适位于台北南郊的家中拜访。参观书房时,胡适指着四壁的书架对客人们说:"我的太太以前对人家说:'适之造的房子,给活人住的地方少,给死人住的地方多。'这些书,都是死人遗留下来的东西。"胡适这些被夫人江冬秀称为"死人遗留下来的东西"的书籍,有一些就来自于天津。

近代天津是藏龙卧虎之地,名流云集的人才氛围和工商业发展的繁华,也让这里汇聚了许多珍贵典籍。胡适爱书,喜欢收藏书籍,因为对书籍的喜好,曾多次和天津发生交集。1937年访书木樨轩,开展国宝拯救行动就是其中的一例。

虽然胡适担任过很多公职,但学者始终是胡适的第一身份。胡适对保存中华传统典籍存有一种自觉的使命感。1937年6月,北方局势阴云密布,中日开战在即。6月15日,怀揣使命的胡适,顾不得上了一天课的疲乏,在沿途士兵的严阵以待和警惕目光中,乘坐火车由北京赶往天津。北京图书馆副馆长,主持馆务工作的袁同礼已先行前往,在天津车站迎接他。

胡适此行的目的地,是中国近代最负盛名的藏书家李盛铎位于英租

躺在床上看书的胡适

李盛铎

界的府邸。李盛铎是清末民初政坛的知名人士，曾因1906年作为清末立宪出洋考察五大臣之一而备受关注。李盛铎好藏书，家传四代的木樨轩藏书、湘潭袁方瑛卧雪庐藏书、通过日本人岸田吟香购置到的日本古刻本等古籍藏品，都让他在能人辈出的近代藏书界发出异常夺目的光芒。著名藏书家伦明曾推崇李盛铎为"吾国今日唯一大藏书家"。当然，他将大量敦煌经卷据为己有的行为，也曾备受诟病。

晚年的李盛铎退出政坛，在天津租界做起了寓公，往来京津书肆，一心一意收罗古籍。1934年，李在天津去世，享年76岁，他苦心经营的木樨轩藏书早已名满天下。抗战前夕，中日之间不仅在军力上展开较量，在文化上也暗自争夺。李家的木樨轩藏书成为日本人觊觎的对象。平津文化界得到消息说，日本人已从李盛铎儿女手中重金收购了敦煌经卷，正准备收购木樨轩的其他藏品。为了保存中华文物，防止珍贵古籍落入日本人之手，主持北平图书馆馆务工作的副馆长袁同礼在与同行专家商议后，决定请胡适帮忙充当说客，利用胡适在学界的影响力，收购天津李家木樨轩保存的善本图书。如果收购计划实施成功，袁同礼会将这批古籍资料连同北平图书馆珍藏的大批善本书和珍贵文献资料一起，抢运到上海保存。这是北平图书馆当时制定的珍品南运计划的一部分。

这一次，北平图书馆做了大量的准备，不仅提前派人来到天津接洽，还带来了几位资深专家。除了本身就是图书馆学家和目录学家的袁同礼之外，还有王国维的同乡后辈和学生、时在北平图书馆采访部工作的文献鉴定家赵斐云，以及1924年参加过清室善后委员会工作、后担任过故宫博物院古物馆馆长、当时在北平图书馆采访部工作的文物鉴定家和版本学家徐森玉。在不久后的国民政府故宫文物南运计划实施过程中，徐森玉发挥了主力作用。

胡适和袁同礼在车站会合后，简单吃了晚饭就前往李宅，亲自见证这一被世人称为中国最好藏书楼的木樨轩。徐森玉、赵斐云早已到达李宅等候。在这一天的日记中,胡适记道:"下课后,乘车到天津,袁同礼到车站来接。晚饭后到李牧斋家去看他的遗书。"李家兄弟子侄搬出珍藏的善本书,由胡适、袁同礼、徐森玉三人负责鉴定,赵斐云负责记录。

木樨轩的藏书果然名不虚传,胡适在李家看书到大半夜才返回休息。第二天早晨,尚未尽兴的胡适再次前往李宅看书。6月16日的日记中,胡适记道:"上午九点,又到李宅看书。十一时,乘快车回北平。"在这时局万分紧张之际,胡适来到天津,本想尽朋友之谊、帮助中华保存一点珍贵典藏。然而这一宏愿却因为经费和个人利益等问题未能实现,因北平图书馆30万的出价与李家60万的要价差异太大,根本谈不拢。北平图书馆的这次收购行动没有达到预期,后因日本入侵、时局动荡而作罢。

因李盛铎的妻子是日本人,李盛铎的儿子李滂后来在天津日伪临时政府任职,1939年底,木樨轩藏书由临时政府以40万元整体收购,后交北大图书馆收藏。

虽然胡适为国家收购木樨轩藏书以失败而告终,但这次拯救古籍珍宝的努力,让天津留下了胡适的文化足迹。

张廷谔主持海源阁藏书入藏
国立北平图书馆

　　1946年初的海源阁藏书入藏北平图书馆，是中国近代文化史上的一件大事。这段有关图书收藏的往事，是20世纪初年天津藏书风尚兴盛的一个佐证。1949年前曾两度出任天津市市长的张廷谔，是力推将海源阁藏书收入国立图书馆，并首创在北平图书馆进行专室保存的重要人物。

　　晚清以来，中国私人藏书大家以南瞿北杨为代表，南瞿即江苏常熟瞿氏铁琴铜剑楼，北杨即山东聊城杨氏海源阁。海源阁建成于1840年，是道光二年进士杨以增为放置所购旧书典籍在家乡聊城修建的藏书楼。在近代兵荒马乱的人间浩劫中，海源阁古籍珍本曾多次损毁散出。1927年，杨以增的曾孙、海源阁第五代传人杨敬夫迁居天津。1928年春，西北军马鸿逵部占领聊城。为了避免家族藏书毁于战乱，杨敬夫接受其岳父

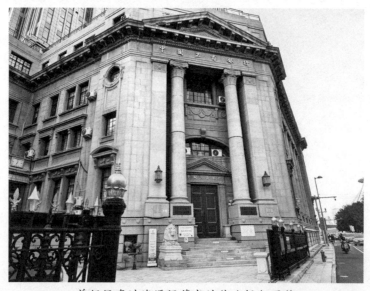

曾经保存过海源阁藏书的盐业银行现貌

劳之常的建议,两次将海源阁的精品宋元珍善本,秘密运至天津,藏在他位于英租界西安道的寓所中。

1931年,因投资实业急需资金,杨敬夫以八万元将"海源阁藏书"抵押入天津盐业银行库房,后因实业投资失败,抵押到期后图书未被赎回。当时,日本人对包括海源阁藏书在内的中华古籍珍品虎视眈眈。为保护古籍,防止海源阁藏书落入日本人手中,寓居天津的前北洋政府财政总长、山东济宁人潘复,联合上海盐业银行总经理王绍贤、前直系军阀将领吴毓麟,以及当时在天津经营盐业的张廷谔等社会名流,组织了"存海学社",发起集资筹款,筹到8万元,作为赎金买下了杨敬夫抵押的图书,继续将书籍保存在盐业银行仓库之中。

张廷谔不是以"藏书家"著称的大家,而是商人和政治家,虽然不以文化立身,但他也是一位收藏爱好者。凭借长期经商对古籍价值的精准判断,加上潜在的典籍修养和鉴赏能力,张廷谔身上有一种保存文化、传承文明的责任感。

1945年抗战胜利后,张廷谔二度出任天津市市长。11月,国立北平图书馆复员,经教育部部长朱家骅批准,同意由国家拨款将"存海学社"存在天津盐业银行的海源阁图书收

张廷谔

归国有。年底,正在平津视察工作的行政院院长兼外交部部长宋子文专程来到天津,商量政府低价收购海源阁藏书事宜。其间,经张廷谔居中斡旋,并与"存海学社"股东们多方协商,最终商定以国币1500万美元的作价,出让给北平图书馆。在当时,1500万美元远低于这批书应有的市场价值,股东们在义利问题上,表现出绝对的民族大义。1946年1月4日,宋子文以国民政府财政部部长的名义,下手谕批复:"海源阁藏书,可作价国币一千五百万美元,由北平图书馆收买以存古籍,原购存该批书籍士绅,热心可嘉,应于北平图书馆内另辟存海学社,以资纪念。"

时在重庆的朱家骅非常重视这一文化大事。1月7日,他致函张廷谔,催促推动工作进展:"海源阁藏书早经政府决定收归国有,部拨价款一千一百五十万元汇北平图书馆,请转达各股东,并迅向该馆接洽转运。"说好的一千五百万美元怎么就变成了一千一百五十万元了呢? 是朱家骅搞错了? 是代为起草文书工作的人将公函中数字写错了? 还是负责财务工作的人转错了账? 抑或是有人"耍流氓",在数字问题上打了太极? 张廷谔在处理此文的批示中表达了狐疑,提出:"书价承院长批示一千五百万元,而股东尚持异议,多方解释始有成议。"并问道:"一千一百五十万元是否错误?"

　　1月8日,张廷谔致电朱家骅报告进展,称:"微电敬悉海源阁藏书事,宋院长此次莅津,业已办结,特覆!"对天津名流们在政府收购海源阁藏书一事上表现出的配合、支持和慷慨,朱家骅非常满意,专门在1月15日,发特急电报给张廷谔表示感谢,一并对下一步的工作提出希望:"书价一千一百五十万业已汇平,该项书籍运平时,务希赐予协助,派军护送,并请向各有关股东妥为解释为盼。"还是一千一百五十万元。因为往来公文中的价格不统一,海源阁藏书移交经过了一段时间的僵持。其间,张廷谔多次致函朱家骅和宋子文,并在1月18日,致电北平图书馆馆长,请其就海源阁藏书护运一事,"来津一谈"。

　　1月22日,当北平图书馆派出的资深文献专家、国学大师王国维的同乡兼门生赵万里,带着1500万美元来到天津,将钱当面清点交给股东代表张廷谔收存时,价格问题上的纠结解决了。1月28日,赵万里代表北平图书馆在天津盐业银行对海源阁藏书进行按目点收的工作,张廷谔派代表现场监点。2月1日,张廷谔加派军警护送藏书至北平。藏书计宋元善本92种,共1207册,分装7大箱。其中最珍贵的是宋版之四史(《史记》《前后汉书》《三国志》)及四经(《毛诗》《尚书》《仪礼》《礼记》),堪称稀世瑰宝。从此流落天津长达15年、稀如星凤的陶南精帙,终于成为国家典藏。

叶笃庄创办知识书店

1936年,日本加紧侵华步伐,华北局势紧张,中国人民抗日情绪高涨。蒋介石领导的国民党政权在抗日问题上优柔寡断的态度,遭到爱国人士的激烈反对。为了用文化力量促进抗日民族统一战线的建立,由中国共产党北方局领导的天津知识书店,于同年9月正式开业。

以翻译500万字《达尔文进化论全集》著称的农业经济学家、翻译家、科技情报专家叶笃庄,是知识书店的创建者。1914年1月30日,叶笃庄出生于天津一个民族资产阶级家庭,父亲叶崇质做过晚清道台,后因困于时局动荡和官场腐败,弃官从商。叶崇质走路迈八字步,为防止马蹄袖落下,手的五指时常岔开。他非常重视子女的教育,三子叶笃义、五子叶笃庄、六子叶笃廉、

叶笃庄

七子叶笃正,九子叶笃成(后改名叶方实),均先后进入张伯苓创办、以素质教育闻名的南开中学,成就了"南开五兄弟"的传奇。叶笃成的女儿叶维丽曾说,"南开五兄弟","每个人单独打开来都是一本书"。他们个个深具民族主义和革命思想,其中又以叶笃庄表现得最为突出。叶家住在省长、督军衙门旁边,五四运动中,天津爱国师生在衙门口请愿,幼年的叶笃庄曾亲眼看见过"学生游行示威,被打得头破血流,爬省长、督军衙门的栅栏",从此他萌生了同情革命的念头。

叶笃庄开办知识书店,缘起于认识留学日本的中共地下党员吴砚农。1934年秋,叶笃庄自费到日本留学,住在东京小石川区白山寄宿舍。因闹

学潮被开除学籍、东渡日本躲避国民党追捕的吴砚农也住在白山寄宿舍。吴砚农是叶笃庄南开中学同班同学吴宝贵的哥哥,二人都来自天津,都讲天津话,加上支持革命的政治观点一致,很快便成为无话不谈的朋友。1935年,叶家面临分家,叶笃庄琢磨着"如何把祖上剥削来的钱,为人民做点有益的事情"。在吴砚农的建议下,叶笃庄决定用父亲留下的遗产在天津办一个书店,这个书店一定要有党的领导,不能单纯做生意。

　　1936年暑假,叶笃庄趁日本东京帝国大学农实科放暑假,回到天津处理分家事宜。他向哥哥笃义、弟弟笃廉、笃正、笃成,和盘托出了各自拿出一部分遗产开办书店的想法。这个想法得到了叶家兄弟的一致赞同和支持。于是,"南开五兄弟"每人从分得的1万元遗产中拿出1000元,作为"天津知识书店"的筹办资金。晚年的叶笃庄回忆集资办书店的经过时说:"当时笃廉已参加共产党,笃成为'民先'的积极分子,笃义、笃正也同情革命,在反蒋抗日上态度非常明确。一谈之下,大家都表赞同。初步决定,每人各出一千元,共五千元,作为成立书店的资本。"

　　1936年9月,知识书店在天津繁华的法租界劝业场附近、国民饭店旁开业。由叶笃庄任书店经理,吴砚农为副经理。聘请会计一人,营业

知识书店附近街景

员两人,"跑街"一人。时在《大公报》工作的吴砚农,向叶笃庄介绍了共产党员余卫公(即易吉光)和向叔宝来店工作,余卫公担任住店副经理,向叔宝则主管营业。对于店内人员的共产党员身份,叶家其他兄弟心照不宣。为了办好这家由共产党领导的书店,叶笃庄专门休学一个学期。直到一切就绪,书店正式确定了由中共北方局领导,才放心离开。

叶家兄弟出资创办的这家书店在设施和服务方面相当新潮。他们学习日本,参照东京流行书店的模式去布置店铺,装修呈现日式的富丽堂皇。设置沙发和靠背椅,读者可以坐着阅览书籍;采取开架售书的方式,顾客可以在书架上自由挑选;为方便读者,开展电话购书业务,顾客通过打电话,报上书名和刊名,就会有人提供送货上门服务。这些特色让书店一经开张,就赢得了广泛的客源,叶笃庄始终记得:"开张的头几天,书店内挤满了人,有许多读者要在门外等候里面的人出来之后,才能进去。"

知识书店以进步书刊为特色,兼卖文具纸张。据叶笃义回忆,知识书店发行过的进步书刊包括中共北方局机关刊物《长城》,由北平大学左派教授沈志远担任主编并联合北平左派教授们共同编辑的大型刊物《国际知识》,斯诺和燕京大学教授编辑的英语期刊《民主》,瞿秋白的译文集《海上述林》、法国革命作家巴比塞的《从一个人看一个世界》等。配合书

知识书店标记

《知识书店》出品的图书《邪不压正》

刊销售，书店还开展过一些进步活动。1936年10月，鲁迅逝世后，知识书店在南开大学、法商学院、觉民中学、南开中学、河北女子师范学校、中西女中举行了露天展览，挂出鲁迅生前照片纪念的同时，也减价出售鲁迅的著作。

在红色思潮引领下，知识书店销售进步书刊、宣传进步思想的举动，取得了成功，也引起了敌人的关注。七七事变爆发后，余卫公得到消息称，日本特务机关要抓知识书店的负责人。书店办理营业执照时登记的"叶笃庄"的大名列在了敌人的黑名单上。为保护同志、避免不必要的损失，书店党组织经请示中共河北省委书记李大章同意，决定叫叶笃庄暂时离开天津以避风头，同时暂时将书店撤销。负责书店关张的是余卫公和叶笃义。两人当机立断，一夜之间对书店的财务进行了迁移。为对顾客负责，他们起草了一张"告别读者"的大字告示贴在橱窗上。

1937年7月28日是知识书店关门的日子。那一天，日军正在轰炸南开大学。国破家亡的时刻，知识书店的闭幕出现了戏剧性的场景，叶笃义描述当时的情景说："当时日本飞机一面轰炸南开大学，一面飞到租界上空撒传单。书店的'告别读者'贴出后，大批群众不去抢看传单，却聚集在书店门口围观，交通为之阻塞。"

杨宪益钟情外文书店

20世纪30年代的天津,文学热潮涌动,售卖各种现代书籍的新式书店竞相出现,逛书店也成为有志青年丰富精神生活的一股潮流。《红楼梦》英译版的翻译者,中国现代著名翻译家杨宪益,也在这股读书潮中,开始了后半生学术生涯的启航。

1915年1月12日出生的杨宪益,是曾任天津中国银行行长的开明银行家杨毓璋的独子,家境富裕。杨宪益五岁那年,定居天津的杨毓璋因爱子心切,不顾身患重感冒,怀抱患白喉和猩红热而哭闹不止的爱子连夜转悠,导致伤寒复发去世。作为杨家唯一长兄子嗣的杨宪益,成为家族的重点保护对象。时值军阀混战,天津富贵人家子弟被绑票勒索撕票的情况不断,为保住杨家唯一的血脉,幼小的杨宪益被特别安排在深宅大

少年杨宪益

院中,闭门接受私塾启蒙教育。直到1929年,他才得以走出家门,进入天津新学书院就读。

新学书院位于法租界海大道(今和平区大沽北路),创办于1902年,是天津最早的教会学校。第一任院长赫立德博士与直隶总督兼北洋大臣袁世凯很要好,他还是自行车飞轮的发明者。在20世纪初年,这所学校以英语和体育水平高大名远扬,张伯苓、顾维钧、林语堂等社会贤达都曾担任过学校董事。

新学书院里有英文说得很棒的资深英语教师,还有学生阅报室、售

书处等文化设施。在这座模仿英国牛津大学青灰色古堡式校舍建筑的校园里,杨宪益对英国文学产生了浓厚的兴趣。新学书院开设的英语课很有特色,从英语课本里,杨宪益"学到了罗斯金、哥尔斯密、艾迪生、斯威夫特和其他作家的一些散文,以及沃特·司各特、华兹华斯、格雷、雪莱、拜伦和济慈的一些诗"。

他的思想正如他刚刚自由的身体一样,像放飞的鸟儿。课本里的知识不能满足他极度膨胀的好奇心和求知欲,他就到学校周边摆满外文书籍的新式书店去寻找。当时的天津有两家外文书店,其中一家是位于法租界的秀鹤书店(又名秀鹤图书馆)。他成了这家书店的常客,书成了他的世界。杨宪益曾回忆这家书店道:"那时法租界里有一家专卖外国书的书店。它叫'秀鹤书店',是一个名叫林秀鹤的人开的。他像是在香港学的生意,人很聪明,思想也新,懂得如何从国外订购书籍。我每隔一天就要到那家书店去浏览一番他的书,买上几本,或是查阅各种订书目录,通过他来订书。向国外订购书籍到货迅速,不到两个月就来了,我可以用中国货币付款。"

天津新学书院

买书买出了经验和见地,有时他也带着妹妹们一起逛书店,自己选好书后,还热心帮助妹妹们挑选。在选书时,他会十分中肯地给出建议:"这本不错""那本没意思""不值得买"之类。杨家有钱,杨少爷买起书来大手大脚。跟随他一起去书店的小男仆每次在主人挑好书帮忙付账后,便会大包小包地把书扛回家。

杨宪益对西方文学的知识,大多都来自于从秀鹤书店买来的这些课外书。起初,格林兄弟、安徒生、王尔德的童话故事,刘易斯·卡罗尔的《爱丽丝漫游奇境记》和《镜中世界》,巴利的《彼得·潘》,斯蒂文生的《金银岛》,儒勒·凡尔纳的《海底两万里》,莱德·哈葛德的冒险小说,让杨宪益沉浸在西方童话的无穷乐趣里。接着,大仲马的历史传奇,《三个火枪手》《铁面人》《波赫多斯的儿子》的达达尼昂系列,他的阅读深度不断递进。到了上高中时,迅速阅读英文原著对他而言已经不是什么难事了。这些英语文学作品架高了他阅读的梯度,也难怪杨宪益高兴地说:"我发现,要开列一份当时我阅读过的作品的书目几乎是不可能的事。通常我每天读一至两部,因此最著名的欧美小说家和诗人的作品我几乎已经读遍了。"

读书催生了他对政治的兴趣和强烈的爱国心。当他读完意大利改革家兼革命家朱赛贝·马志尼的《人的责任》一书的英译本后,立志以作者为楷模。他也成了新学书院里最激进的学生。五卅惨案爆发后,他鼓动同学们罢听英国老师的课。九一八事变后,他甚至萌生了当兵参加抗日的想法,并自己出钱请了一位退伍军人做教练,每天自动组织军训。因是家中独子,此事最终因家人干涉而作罢。读书也催生了他出国的念头。他说:"我对希腊古典文学产生了深深的喜爱之情。我读的是英译本,我在天津找不到能教我古希腊文的老师,所以我想出国去学习。这是促使我出国到牛津大学攻读古典文学课程的因素之一。"

1934年,从天津新学书院毕业的优秀学生杨宪益,在从书籍中得到极大的文学滋养后,追随学院即将回国休假的英国教员郎曼夫妇,赴英国牛津大学深造。在这里,他与牛津大学首位中文学士、同样钟情于古典文学的英国美女戴乃迭相识相恋。

黄裳印象中的美好书局

以散文著称中国现代文坛的黄裳，既是文学家、高级记者，又是著名藏书家和版本学家。钱钟书赞叹他的文笔能让"病眼为明"，叶兆言则说他一把年纪，依然笔力苍健、气势如虹。黄裳文字功底和开阔学识的养成，离不开青年时期在天津生活期间对书籍阅读的痴迷。当时享誉天津城的天津书局，就是滋养黄裳精神世界的重要场所。

黄　裳

黄裳出生于河北井陉，小时候为了避难，曾被送到天津暂住过一段时间。后来因父亲工作调动，黄家搬到天津，黄裳也先后在天津公学（现在的耀华中学）和南开中学就读。1932年至1937年，黄裳在天津南开中学读书。

黄裳就读南开的时代，新文化运动播撒开的民主观念、独立精神和自由思想，在津沽大地余韵犹存。头脑灵活、思想开化、观念新潮的老师，每每会给学生们推荐一些课外阅读的新书，如《热风》《华盖集》《谈龙集》《谈虎集》《落叶》等。20世纪30年代前后，年轻人买书，最喜欢去位于法租界繁华闹市区的梨栈大街。当时的劝业场和附近的天祥市场，有许多旧书摊，比如劝业场三楼的藻玉堂、梦花室，楼下的佩文斋，天祥市场北门的大陆书局，二楼的茹乡阁书店、美丽书店等。这些古色古香的书店不仅卖线装书，还卖新书。

除了天祥市场和劝业场上中西合璧的书摊，梨栈大街还有诸如中国书局、世界阁书局、大昌书局、利华书局、文渊阁等新式书店，吸引着众多知识青年的光顾。其中，最受关注的是位于法租界26号路的天津书局，档案中称之为天新书局。天津书局开设于1922年12月，为区别创立于清光绪十五年（1889）、后来停办的天津书局，当时又被称为新记天津书局。这家书店最初是一家夫妻店，老板叫柯

旧书店云集的天祥市场附近街景

益茂，购书者亲切地称其为"老柯"，他"脸上有些浅白麻子"。因经营有方，这家位于交通饭店和惠中饭店中间道路转角处的书店，很快成了天津新式书店中招牌最硬的。1932年12月15日，值书店十年大庆之际，天津《北洋画报》刊登新闻称："本市法租界天津书局，为本市最有声誉唯一之新书店，现已有十年之历史。"十周年店庆期间，天津书局推出了促销打折活动。活动当天，无折扣的书打九折，有折扣的书在原有折扣基础上，再打九折。凡购买书籍一元以上的，就有赠品赠送。购书满十五元的，可以赠送故宫案头日历一座。即便是从全国范围内看，这个赠品都是非常时髦的。

在黄裳的天津书香记忆中，就有天津书局及其附赠故宫日历的温暖场景。他这样描述书局的橱窗："在梨栈十字路口的转角，有一家天津书局，小小的只有一间门面，但橱窗的布置却很有特色。一个冬天的傍晚，天上飘着雪花了，正是华灯初上的时候，我在这橱窗里看到了用棉花铺成的雪地，红丝带捆好的贺年片、小纸房子，'故宫日历'错落地安排在'雪地'上，还有几本新书。行人匆匆地从背后走过，没有谁停下来欣赏

天津书局标记

这美丽的风景。"不光是橱窗漂亮,书店里出售的书籍也都是时兴的干货,除了经销当时全国知名的光华书店、北京书店、开明书店、美的书店、楼社、新月书店、出版合作社、未名书店、泰东书店、海音书店、亚东书局、晨报社等所出新书外,书局还代订《语丝》周刊、《北新周刊》《国学月报》《哲学评论》等受欢迎的刊物。1933年就读于南开中学的韦君宜,回忆过天津书局的书籍之全:"从鲁迅的一本一本新出版的杂文,到郭沫若的《创造十年》,从张天翼、靳以的新作,到沈从文的《记丁玲》,我都是从这里买的……还有上海左联那些时出时停的新刊物,老柯也一概经营。"曾在南开中学就读的马国华也说:"新书种类最多、花样最全的地方,要算是法租界交通大饭店楼下的天津书局,那儿可称得上新书的总汇。"

因为生意太好,天津书局还在南开中学便门的对面设立了一处分店,出售新书,兼卖文具用品。南开中学当时的学生,男中、女中两部共有三千多名,他们求知心切、好奇心盛,加上学生中许多家境富有,对于花钱买书这种高品位的消费,一点也不吝啬,所以天津书局经常都是顾客盈门。

在天津生活期间,黄裳一家租住在晚清著名太监小德张在墙子河畔的一座小楼里。1949年以前,墙子河是与金钟河、赤龙河、南开蓄水池并称的天津"四大害"。即便墙子河成天弥漫着臭味熏天的气息,也丝毫没有影响黄裳阅读古典文学作品的雅兴。夏天,他坐在墙子河边的柳树下读书,在这里领略宋词之美。他说:"有一次从《小说月报》上读到郑振铎写的《北宋词人》和《南宋词人》,引起极大兴趣,整整看了一个下午。"

1940年夏,黄裳考上了上海交通大学电机系,离开书店林立的天津,在新的起点开始了奔向文学之路的旅程。

红色书店元旦开张

1930年1月1日,新一年的开首,天津法租界梨栈大街人来人往、热闹异常,24号路17号(今长春道),天祥市场旁,一家名叫"北方书店"的红色书店开张了,这是中国共产党在天津开设的第一家进步书店。

20世纪30年代前后,北方都市居民的精神追求提升,天津的出版印刷事业迎来发展高峰,一大批从事新书经营的书店应运而生。趁着这股文明东风,中国共产党天津地下组织顺直省委直属特别支部决定,在天津这座北方工商业中心城市开办一所书店,一方面售卖进步书刊,扩大革命思想的影响;一方面作为党的秘密联络点,方便党内同志秘密集会,供对外通信联系、传递情报之用;再一方面,为党创收,筹措革命经费。

书店运作采取集资入股形式。当时的顺直省委直属特别支部吸收

北方书店附近街景

了许多供职于国民党天津党政军各机关的高级职员,包括时任市政府第三科科长的张友渔、市公安局预审科主任科员李禺庵、造币厂总务科长胡熙庵、航空协进会干事宋少初、中山中学教员周新民等。1929年2月调到顺直省委负责宣传工作的胡锡奎,向直属特别支部布置任务,要求支部成员自筹资金,同时广泛发动社会关系,召集进步群众投资,在天津成立一个小型书店。经过三个月的筹备,资金到位、店员配备、书源就绪的北方书店开张纳客了。

　　1896年出生的胡锡奎,是湖北孝感人。幼年因家庭生活困难辍学,帮家里经营小百货。1925年,他靠自己的勤奋和努力,考入南京东南大学,并在学校里加入了中国共产主义青年团。1926年,胡锡奎加入中国共产党,担任支部书记,在党组织的秘密领导下,他领导学生开展革命运动。1929年2月,参加了中国共产党第六次全国代表大会的胡锡奎经组织安排,调往中共顺直省委宣传部任秘书,当起了《北方红旗》《出路》《火线》等省委刊物的负责人。在北方书店的创建过程中,胡锡奎担任了组织领导工作。

　　北方书店能够顺利开张,也与1929年间相对宽松的政治环境有关。当时,天津的市政大权有一部分操控在晋系阎锡山的手中。1928年9月5日,晋系的崔廷献担任天津特别市市长。崔廷献有能力,尤以雄辩见长,因清末从英国人手中抢回山西矿权有功而博得大名。担任市长后,他将主要注意力集中在天津的各项市政建设上。他曾留学日本,对各种理论都接触过、研究过,对马列主义也不排斥。他有政治人物惯用的两面派做法,对共产党的活动,采取一种只要没有明令禁止,就睁一只眼闭一只眼的态度。张友渔说:"我当时是

天津特别市第二任市长崔廷献

以左派人物面孔出现,没暴露共产党员身份,经常同他谈些马列主义的理论,他也愿意听。他与阎锡山一样,只要你没有直接的行动危害他的利益,你可以讲你的马列主义。"

书店所在地是一栋一楼一底的房子,门前悬挂的"北方书店"大字匾额,为时任天津市政府秘书长、书法家冯司直书写。冯是张友渔的上司,邀请其书写牌匾,体现了地下工作者掩护书店红色面貌、保护同志的智慧。对于书店的布局和规格,谢冰莹的第一任丈夫,曾为北方书店编过店刊的左翼诗人符号(笔名/化名)回忆:"楼下卖书,楼上接头。书店的门面修得比较豪华。"店铺经营以书刊为主,兼营南纸、文具。货架上销售的,大多是从上海运来的关于马列主义革命理论、革命文学作品、思想评论,以及介绍俄国十月革命成功和苏联情况的进步书刊。书刊陈列采用开架式,顾客可以只看不买,因而吸引了许多热心读者和文艺青年的光顾。

开业之初,李禹庵、宋少初以公开职业身份及股东身份被选为书店理事,张友渔被选为监事,为书店的运行提供政治支持。书店经理则由顺直省委军委负责人张兆丰介绍的具有丰富经商知识的地下党员曹景周担任,全面负责店务。另外还聘请了会计刘庸僧、营业员任桐轩和学徒工张少康三位党外人士看店。

1930年2月23日,天津市警备司令部按照南京国民政府明令,颁布《关于成立出版物检查处的通告》,宣布对影响民众心理的报纸和图书进行严查,开始了对左翼思潮的围剿,北方书店渐渐成为监视对象。8月中旬,在国民党当局查禁"反动印刷品"行动中,北方书店被查封关闭。当时接替曹景周担任经理的刘庸僧、任桐轩和正好前来与刘庸僧接头的中共党员符号被捕入狱。

大家闺秀邓懿好诗词

20世纪初年,"闺秀"一词开始突破传统界限,成为一个被赋予现代内涵的时髦称谓。它并不仅仅指锦衣玉食的优越出身,也包括上进的精神、丰富的学识,以及一种杂糅了传统温婉与西式现代大方的气度。生长于天津、曾就读于南开女中的邓懿,是天津"闺秀"中值得称道的典范。

剪短发穿露臂旗袍的邓懿

清华大学前副校长张维的夫人、出生于苏州知府衙门的著名航空航天学家陆士嘉,算得上是中国近代知识女性中见识广博、学问精进的代表人物。这位志向宏远、13岁就立誓"学理科,当中国的居里夫人"的铁娘子,第一次看到邓懿时,忍不住赞叹:"什么是大家风范?邓懿就是大家风范!"实际上,邓懿不同寻常的大家风范,从学生时代就充分展现。她烫着波浪卷、踩着高跟鞋、穿着各式时髦旗袍,青春靓丽而又富有古典韵味的身姿,在20世纪30年代多次见诸以推崇时尚著称的《北洋画报》。

除了有存留至今的《北洋画报》可资查证,邓懿的丈夫、亚洲史专家周一良说:"30年代,天津有一家名叫《北洋画报》的刊物,是赵四小姐的姐夫冯武越所办,雅俗共赏,颇受欢迎。该刊每期的刊头上都是一位女士的玉照,或两位女士的合影,其中有电影明星,如胡蝶、阮玲玉等,或者就是当地的大家闺秀。这些大家闺秀的照片是怎么来的呢? 据说是由她们常去的天津同生等著名照相馆提供的,《北洋画报》毋需付稿费,而照相馆则可借此做广告。当时尚无肖像权一说,所以这些大家闺秀的照片就由他们随意刊载了。邓懿的照片就经常上《北洋画报》。"

邓懿的气质里,藏着书香、带着温婉、透着大方,其中包含着诗词的滋养。邓懿也叫邓婉娥,1914年4月17日出生于北京。她的父亲邓镕在近代诗坛小有影响力,著有《荃察余斋诗文存》,时人曾将他的诗与藏书家傅增湘和文学家樊增祥并列。国学大师、著名诗人汪辟疆甚至在其名作《光绪以来诗坛点将录》里,用一首诗同时点评了他和傅增湘两个人。虽然邓懿是邓镕的侧室所生,但她遗传了母亲的秀丽容颜,长相出众,又继承了父亲的聪

邓懿摩登照

明好学和诗歌才情,被邓镕视为掌上明珠。邓镕曾专门为这位爱女赋诗一首:"胜无聊慰亦人情,荔子何妨是侧生。络秀小家知托付,金銮绮岁定聪明。诗篇咏絮当庭就,字格簪花下笔成。付与文姬传绝学,中郎身后不埋名。"

生长于诗情画意的家庭,从小在父爱母爱的滋润下长大,邓懿不负父亲厚爱,学习成绩优异不说,更是在文学修养方面有过人之处。20年代,邓懿进入天津南开女中读书。当时的天津,还受传统观念影响实行男女分校,女校中又以圣功女中、中西女中和南开女中最具知名度。圣功女中以管理严格著称,中西女中侧重社交能力的培养,南开女中则以浓厚的学习氛围和扎实的教学为特色。在三所学校中,南开的中文教学独胜一筹。南开聘请了许多水平很高的国文老师,如关健南、孟志荪等。品学兼优、才貌双全的邓懿因文学方面的特长,格外受老师们器重。提及邓懿的成绩,周一良说:"她各门功课都很好,尤其喜欢文学,颇受知于南开高中著

名国文教员关健南、孟志荪两先生，作文常受表扬，贴在墙上'示众'。"

当时南开女生中有很多活泼开朗、具有新思想的现代女性，邓懿也是其中一位。论资历，她是名震一时的学生会主席姚念媛(郑念)的师姐，但和姚念媛的爽快坚韧、风风火火相比，她的性格更为温柔。因为爱诗词的缘故，她的爱好更倾向传统。在着装上，她常常选择彰显东方女性气质的旗袍，戴着流苏式耳环，美丽中透出诗一般的婉约。她喜欢看京剧，程砚秋低回婉转的唱腔时常让她着迷。她自己也喜欢唱戏，嗓音嘹亮，与梅兰芳有几分相似。1931年夏，江南发大水，心地善良的邓懿穿上戏装，和同学范莎菲一起，分饰青衣和小生，登台为灾民筹款，明艳不可方物。

她也将古典文化的品味贯注于爱国行动上。教育家严修的四孙女、后来成为著名妇科医生的严仁英和邓懿是闺蜜。两个女孩子一起进出校园、一起玩耍、一起吃饭，无话不谈。1931年底，为表达九一八事变之后中国民众心中的义愤，南开女中排演了一部宣传爱国进步思想的话剧《反正》，讲的是张作霖部下的一个军长不愿去打共产党，倒戈抗击日本帝国主义的故事。邓懿和严仁英一起成功塑造了剧中的角色，严仁英演军长，邓懿则演了"他"的太太。晚年的严仁英回忆这出剧："我演了一个革命军人，我的同学邓懿(周一良夫人)演的是女主角。"邓懿在剧中主要是辅助，戏份不多，但她的表演还是让观众记忆深刻。爱国教育家马千里的儿子马桂官当时正上初中，后来八十多岁的高龄，他依然记得邓懿"背向观众，念长篇台词，声音响亮，台下听得入神，寂然无声"的情景。

1932年，品学兼优的邓懿从天津南开女中毕业。当时，燕京大学与南开学校有保送制度，南开品学兼优的学生可以不经过大学考试，直接升入大学。邓懿因成绩突出和文学特长被保送到燕京大学国文系。她选修了著名韵文作家、美学鉴赏家顾随的课，将纳兰性德的词作为大学毕业论文的选题，成为中国近代女性学者中较早研究纳兰性德的人。《纳兰词研究》得到了导师的好评，1936年5月，她根据毕业论文改写的《纳兰词的几种作风》，刊登于《燕京大学文学年报》第二期上。在1949年以前的很长一段时间，这篇论文一直是古诗词研究方面引用率较高的文章。

饮冰室中的明信片

　　1925年,在天津意租界西马路25号(现在的天津河北区民族路46号)的一座小洋楼大院内,又盖起了一座小洋楼。被时人誉为"三十年来时代思想之先驱者"的梁启超,在这座洋楼大院中专心著书立说已经有将近十年的光景。

　　1914年,避居天津的梁启超,在从周氏手中买来的这块地皮上,按照租界普通的洋房风格建起了供家人居住的前后两栋楼,梁家人称之为"老楼"。考虑到家族成员众多、环境嘈杂,不利于学术研究,为了有一个更清净的环境,20世纪20年代初期,梁启超请意大利建筑师白罗尼欧设计,在院中又建起了一座意大利风味十足的两层半小楼。这座被梁家人称为"新楼"的居所从此成为梁启超的专用书斋,并被冠以"饮

梁启超天津饮冰室书斋现貌

冰室"的大名。梁启超最小的儿子、出生于1924年"饮冰室"落成前夕的梁思礼,这样回忆父亲为专心做学问,对他们进入书斋实施的戒严:"平时父亲为了安静写作,除了母亲和秘书(梁廷灿堂兄)外,很少允许我们孩子们到新楼去玩的。我每次到新楼都有一种受到嘉奖的感觉。"

梁思顺

梁启超的孩子中,梁启超最钟爱的是大女儿梁思顺,其次就是梁思礼。梁思顺聪明贴心,喜欢音乐,精通诗词,还会按照古体风格将古诗文合乐而歌,深得父亲欢心。但是"饮冰室"建成的时候,梁思顺正以外交官周希哲夫人的身份远在大洋彼岸的加拿大。乖巧听话的家中老幺"老白鼻"(baby)梁思礼就成了梁启超生活中的最大慰藉。虽然对书斋严防死守,但终究拗不过对儿女的爱,梁思礼每每成为闯入"饮冰室"的常客。1927年梁启超给海外的孩子们去信时写道:"每天老白鼻总来搅局几次,是我最好的休息机会。"疼惜之情溢于言表。

他扶着梁思礼的手,教他用毛笔蘸上墨汁给梁思顺写下歪歪扭扭的信;他抱他在怀里,教他念唐诗,听他把"乡音无改鬓毛衰"念成"乡音无改把猫摔",就哈哈大笑。可是在幼小的梁思礼看来,父亲书房中最有趣的,还是放在藏书柜底层的那些花花绿绿的明信片。梁思礼说:"藏书柜中对我吸引力最大的,是放在底层的许多精致的明信片,其中有许多名画、名建筑、名雕塑,这些都是父亲从世界各地带回来的。这些明信片让我在很小的时候就知道了欧洲文艺复兴和达·芬奇、米开朗基罗、拉斐尔等大师。"这些好看的明信片让幼小的梁思礼感受到,"饮冰室"中散发着浓郁的中西文化交汇的气息。

梁启超的这些明信片,有他先前在国外考察带回来的,也有他和儿女通信中积累下来的。梁启超生活的清末民初,是明信片作为现代通信方式和交往手段在中国刚刚流行的时代,作为领一时风气之先的人物,梁启超自然也喜欢上了明信片,并将它作为传情达意的媒介。1918年底,决心脱离政坛、专事教育著述的梁启超,与蒋百里、张君劢等人前往欧洲考察西方社会。1919年7月12日,刚从伦敦返回巴黎驻地的他寄给女儿梁思顺一张明信片,介绍近况:"七月十四日法国之庆,且行凯旋礼,特自英来趁热闹⋯⋯前离法境时,本在巴黎附近僦一庄园为往来根据地,百里留守焉。(明信片)画中则其附近风景也。"他与爱女分享异域美景,聊寄亲情和乡愁。

　　1928年3月,梁启超的大儿子梁思成和一代才女林徽因在加拿大温哥华梁思顺家举行了隆重婚礼。此时的梁启超因被协和医院大夫误诊已病入膏肓,但得知儿女婚讯的他还是在欣喜之下强打起精神,为孩子们设计了一套完备的蜜月旅游攻略:"我替你们打算,到英国后折往瑞典、挪威一行。因北欧极有特色,市政亦极严整有新意(新造城市,建筑商最有新意者为南美诸国,可惜力量不能供此一游,次则北欧更可观),必须一住。有时入德国,除几个古都市外,莱茵河畔著名堡垒最好能参观一二,回头折入瑞士看些天然之美,再入意大利,在马赛上船,中间最好能腾出点时间和金钱到土耳其一行,看看回教的建筑和艺术,附带着看看土耳其革命后的政治。"有父亲的丰富学识为指引,梁思成、林徽因夫妇立刻启程赴欧,开始了为时半年的欧美蜜月游。

　　知道自己已经是风中残烛、命不久矣了,梁启超急切地想要见到儿子和儿媳妇,他写信给还在旅途中的儿子唠叨:"你来信总是太少了,老人爱怜儿女,在养病中以得你们的信为最大乐事,你在旅行中

梁思成和林徽因全家福

尤盼将所历者都随时告我（明信片也好），以当卧游，又极盼新得的女儿常有信给我。"梁思成没辜负父亲的惦念，在旅行途中，时常寄一些有风格特色的明信片给梁启超。在一张明信片上，他写道："爹爹，西班牙住宅的院子与我们北京的相似，差不多每家都有花木极茂；我们平常只能在大门外略略窥探一眼。宅内极洁，街上却又臭又脏，和北京相像得很。"另一张上面写着："爹爹，我们现在Granada，看到了阿尔罕布宫（西班牙），壮丽之极。照片即著名之'师庭'也。"梁思成将游览异域的新奇写在纸片上，传递给远在北京的父亲。

　　1928年8月中旬，梁思成、林徽因回国，当梁启超发现这位"新女儿"并没有像他担心的那样变得"洋味十足"时，他写信给梁思顺赞道："新娘子非常大方，又非常亲热，不解作从前旧家庭虚伪的神容，又没有新时髦的讨厌习气，和我们家的孩子像同一个模型铸出来。"对儿媳妇林徽因的欣赏之情溢于言表。